Dinheiro não cresce em árvore

EMPREENDER DURANTE A PANDEMIA DA COVID-19

Wesley Costa

Sobre o Autor

Wesley Costa, nasceu em março de 1972, nome de nascimento Luiz *Wesley* da Cruz *Costa*, adotou o nome Wesley Costa quando iniciou sua carreira em 1988, atuando como Instrutor de Informática, em pouco tempo passou a coordenador de equipe, e depois a Gerente de CPD.

Algum tempo depois, quando finalmente enfrentou um grupo real de profissionais totalmente afundados em desânimos e cheios de problemas para serem resolvidos, deu-se conta de que tinha encontrado a sua vocação, e passou a atuar como Líder de equipe e Consultor de Soluções onde influenciava diretamente grandes clientes.

Wesley também foi diretor de TI durante o período de 1997 a 2000 na Digital Tecnologia

Modernizou o Departamento de Tecnologia de diversas empresas, em seguimentos de mercados dos mais variados.

Gerenciou o Departamento de Operações da Net Service (RJNET), atuando na reestruturação do Departamento. Criador do algoritmo que deu origem ao teste de velocidade mais famoso do Brasil, o teste de velocidade da RJNET.

Gerenciamento do Departamento de TI da Empresa Israelense Gilat to Home e Gilat Brasil por 2 anos.

Com perfil empreendedor, administrativo, técnico e de liderança, nos últimos anos participou ativamente da criação e fundação de unidades de negócios e empresas "startups" , como a World Zone Tecnologia e a área de Tecnologia da XSOL Soluções Tecnológicas, importante participação desde o plano de negócios, pré-venda, preparação/apresentação da proposta, desenvolvimento, implementação, operação e pós-venda de projetos para os mais diversos segmentos do mercado.

Wesley é um profissional com mais de duas décadas em participação e atuação na área de Tecnologia da Informação, ampla experiência em dirigir, gerir equipes e sistemas na área de Tecnologia da Informação e Administração Geral, promovendo maior agilidade, racionalidade, produtividade, qualidade, redução de custos e aumento de resultados, sendo essa a sua marca registrada.

Extremamente experiente na gestão de projetos de grande complexidade, foi membro da equipe de gestão do Projeto GESAC, além de ter participado em diversos outros projetos onde o desenvolvimento ágil de Sistemas, Implantação de Pacotes Corporativos (ERP/CRM/SCM/BI), Revisão de Arquitetura Tecnológica, Gestão de Infraestrutura, Help Desk Corporativo, Gestão de Data Center, Cloud pública/privada, Gestão de Contratos e SLAs trouxeram resultados positivos para os negócios.
Líder responsável pela implantação e treinamento da equipe de pequeno varejo da Chocolates Garoto S/A, na implantação do Sistema SAP R3.

Nos últimos 20 anos participa do processo de transformação digital e inovação do mercado Brasileiro, principalmente no Rio de Janeiro e São Paulo, atuando como CIO na área de Gestão de Tecnologia, Arquitetura, Integração, Devops, Plataformas Cloud, Sistemas Corporativos (ERP/CRM/SCM), Infraestrutura e Serviços de Tecnologia. Membro do comitê de tecnologia da PortuZONE em Braga Portugal, Fundador e Presidente das Empresas WCS Technology Inc. e da DisaTEC Cloud Tecnologia Ltda, Colunista dos Portais de Tecnologia Profissionais TI e TI Livre e com diversos artigos publicados no LinkedIn.

Wesley vive em Lisboa.

ÍNDICE

PREFÁCIO 11

CAPÍTULO 1 CONSIDERAÇÕES 14

CAPÍTULO 2 SABER SE ESTOU PRONTO 18

CAPÍTULO 3 POR ONDE COMEÇAR? 29

CAPÍTULO 4 CUIDADOS NA HORA DE ABRIR SEU PRÓPRIO NEGÓCIO 37

CAPÍTULO 5 COMO CRIAR VALOR PARA O CLIENTE? 48

CAPÍTULO 6 ACERTE NOS INVESTIMENTOS 61

CAPÍTULO 7 PARCERIAS X NEGÓCIO 67

CAPÍTULO 8 O QUE ESTÁ FALTANDO? 80

CAPÍTULO 9 FRANQUIAS 90

CAPÍTULO 10 EMPREENDEDOR, SER OU NÃO SER? 96

CAPÍTULO 11 VIREI EMPREENDEDOR 104

CAPÍTULO 12 INVESTIDORES ANJO 130

CAPÍTULO 13 COMPRAR UMA EMPRESA 152

CAPÍTULO 14 COMO CONSTRUIR UMA EMPRESA E DEPOIS VENDÊ-LA 172

CAPÍTULO 15 O SUCESSO NAS NEGOCIAÇÕES COMERCIAIS AO VENDER O SEU NEGÓCIO 178

Dedicatória.

Todos nós temos duas vidas, a segunda começa quando a gente percebe que só temos uma.

Dedico este livro a todos que preferem arriscar na tentativa de empreender.

Afinal, você talvez nunca descubra quais são os resultados de suas ações, mas se você não fizer nada, não haverá resultados.

Um vencedor é um sonhador que nunca desiste.

TOMANDO A INICIATIVA

PREFÁCIO

*"o futuro pertence àqueles
que acreditam na beleza de seus sonhos."*
Wesley Costa

Talvez você tenha sonhado em abrir seu próprio negócio, mas hesitou em mergulhar porque não sabe trabalhar por conta própria. Tendo dado o salto, posso dizer que não é tão intimidante ou improvável quanto parece.

Você sabia que administrar seu próprio negócio costumava ser a norma? A Revolução Industrial do século 19 inaugurou a era do trabalho para empresas. As mudanças tecnológicas transformaram a maneira como as pessoas ganhavam a vida naquela época, e o surgimento das tecnologias digitais e da internet estão fazendo isso novamente hoje, tornando mais fácil do que nunca a transição para o trabalho autônomo.

Não é difícil imaginar os benefícios de trabalhar para si mesmo. Uma série de vantagens vêm facilmente à mente, liberdade, ter o poder de tomada de decisão e obtenção de lucros entre outros.

Escolher abrir um negócio é buscar liberdade. A liberdade de perseguir suas paixões enquanto ganha a vida com elas. A liberdade de definir um cronograma que funcione com sua vida. A liberdade de crescer e evoluir como ser humano em seus termos, não com base nas necessidades de uma corporação.

Seu negócio é seu bebê, então dedicar tempo a ele paga dividendos diretamente, ao contrário de uma relação tradicional com o empregador. Ele também oferece um horário flexível - um dos grandes atrativos de trabalhar por conta própria.

Se você trabalha em casa, pode tirar um dia de folga para ficar com um filho doente, sem o risco de despertar a ira de seu chefe. Ou você pode estruturar seus dias para otimizar o equilíbrio entre o seu negócio e os compromissos com a família e você mesmo.

É o seu negócio. Você dá as cartas. Você toma as decisões finais. Chega de gastar horas defendendo suas ideias para o chefe. Se você quiser experimentar um conceito, vá em frente.

Este também é um dos grandes atrativos de ser autônomo. Você lida com o trabalho da maneira que achar melhor. Você evolui o negócio na direção que deseja. Você constrói uma cultura empresarial que reflete seus valores. É tudo seu para criar e moldar.

No início, quando você está tentando conquistar seus primeiros clientes, pode parecer que a receita que você gera é uma desvantagem. Na realidade, com o tempo, você pode exceder a renda que ganhava em um emprego tradicional.

Isso porque não há limite para o que você pode fazer. Enquanto você continuar a expandir seus negócios, seu potencial de receita será ilimitado. Você não está à mercê de um empregador para decidir quanto, ou mesmo se, um aumento de salário é garantido.

Considere o caso de Jack Ma, um professor que decidiu lançar uma empresa de comércio eletrônico chamada Alibaba na virada do século. A Internet estava apenas crescendo naquela época, e poucas pessoas se sentiam confortáveis com as compras online. Vinte anos depois, Jack Ma se aposentou após se tornar o homem mais rico da China.

Este livro é para lhe ajudar na reflexão sobre os fatores positivos e negativos antes de decidir trabalhar por conta própria. Além de auxiliar na construção do Líder que precisa ser despertado em você e que será moldado para garantir que o seu empreendimento seja um verdadeiro sucesso.

CAPÍTULO 1 Considerações

*"Se você não gosta de algo, mude-o.
Se você não puder mudá-lo,
mude a forma através da qual você pensa sobre ele."*
Mary Engelbreit

**O QUE CONSIDERAR SE VOCÊ ESTÁ DECIDINDO
TRABALHAR PARA SI MESMO?**

Ao considerar como trabalhar para si mesmo, insistir apenas nos benefícios do empreendedorismo pode pintar um quadro um pouco otimista.

Na realidade, existem muitas desvantagens além das vantagens, e é por isso que muitos optam por trabalhar para outra pessoa. Reflita sobre esses fatores antes de decidir trabalhar por conta própria.

Motivação para trabalhar em casa ou montar seu próprio espaço.

Examine porque você deseja iniciar um negócio. É porque você está frustrado com seu trabalho? Você está considerando o trabalho autônomo um meio de ganhar muito dinheiro? Se emoções negativas como raiva ou ganância são seu catalisador, então você não está pronto para lançar seu próprio negócio.

Você deve ser apaixonado pelo trabalho que fará e pelos negócios que construirá. Caso contrário, você não terá motivação para entregar uma ótima experiência aos seus clientes. Sem isso, é um caminho difícil construir clientela e gerar receita para se manter à tona.

INCERTEZA AO TRABALHAR POR CONTA PRÓPRIA

A renda previsível é um dos principais benefícios de um emprego. Você sabe quanto esperar com cada contracheque. Você perde essa previsibilidade ao trabalhar para si mesmo.

A vazante e o fluxo naturais dos negócios significam que a flutuação da receita se torna a norma, especialmente no início, conforme você constrói uma clientela. Além disso, sua empresa é suscetível a fatores macroeconômicos, como uma recessão. Sua empresa pode ter um bom desempenho quando a economia está em alta, mas você deve se planejar para a eventual desaceleração.

Se uma renda previsível é fundamental, evite iniciar seu próprio negócio. Se você puder se ajustar à incerteza de renda, certifique-se de economizar fundos suficientes para cobrir despesas pessoais e comerciais por vários meses, aos quais você pode recorrer, se necessário.

MÚLTIPLOS PAPÉIS QUANDO VOCÊ SE TORNA SEU PRÓPRIO PATRÃO

Uma consideração frequentemente subestimada sobre trabalhar para si mesmo é que você precisa usar muitos chapéus. Com um empregador, você tem suporte na forma de um departamento de contabilidade, uma equipe de marketing, recursos humanos, representantes de atendimento ao cliente e assim por diante. Como empresário, todas essas funções recaem sobre você.

Imagine que você é um fotógrafo freelance que não tem ideia de como construir um site. Você precisará ganhar dinheiro suficiente para contratar um web designer ou cerrar os dentes, pegar um software CMS e fazer você mesmo. O mesmo se aplica à geração de vendas. Você é o principal (talvez o único) representante de vendas de sua própria empresa (pelo menos no início), então deve se acostumar a enviar e-mails em formato de e-mail profissional, bem como em outras atividades de vendas.

Se assumir essas funções adicionais é um anátema para você, continue com seu trabalho diário. Caso contrário, esteja preparado para assumir mais do que apenas o produto ou serviço que você está vendendo, quando começar a estudar como trabalhar para si mesmo.

COMO SABER SE VOCÊ ESTÁ PRONTO PARA COMEÇAR A TRABALHAR POR CONTA PRÓPRIA?

Na realidade, as maneiras de trabalhar por si mesmo não podem ser resumidas em um guia passo a passo sucinto, por esse motivo não existe um "GUIA DEFINITIVO" que ensine a empreender, porém, seguindo as minhas dicas aqui nesse livro, você será capaz de tomar as decisões mais assertivas para começar o seu próprio negócio e ser um líder inspirador para seus colabores.

Começar um negócio é um processo contínuo, não um evento único. No decorrer dos próximos capítulos eu lhe apresentarei algumas dicas de como saber se você está pronto para essa jornada.

CAPÍTULO 2 Saber se estou pronto

"Os únicos limites das nossas realizações de amanhã são as nossas dúvidas e hesitações de hoje."
Franklin Roosevelt

A melhor Opção para quem está abrindo sua empresa e ainda não sabe por onde começar é criar um bom Plano de Negócios.

O Plano de Negócios irá te orientar a tornar sua ideia um caso de sucesso, definindo estratégias de marketing, precificação, principais concorrentes, legislação vigente e lucro esperado!

Além do plano de negócios é importante que você tenha um panorama completo do setor de atuação do empreendimento, maximizando a aceitação do produto no mercado.

Por mais que nossas experiências nos mostrem o rumo que devemos seguir, não se deixe abalar pela empolgação do momento. Olhe para os números, para as métricas para as suas análises e jogue em um terreno certo.

Antes de começar, é muito importante que você faça um estudo de mercado, de público-alvo e faça um levantamento de tudo: dos riscos, dos principais problemas, do perfil da persona o que mais você puder encontrar de informações que te coloque a par do seu mercado.

Você perceberá que começar um negócio sem experiência não é nada simples, porém com o passar do tempo ficará mais familiarizado com o segmento. Isso também não será motivo para não se atualizar e buscar novas alterativas.

O estudo deve ser constante, até porque todo o negócio que deseja se manter por anos no topo, precisa se reformulações constantes. O seu público muda e logo você perceberá isso, então para garantir que tudo continue ocorrendo da melhor forma possível, você terá que mudar junto!

Ter um plano de negócio é fundamental até mesmo para que você consiga entender se sua ideia é viável ou não. Se você não sabe o que é um plano de negócio, temos um conteúdo nesse blog que te ensina a fazer um, corre que que te ajudará muito...

O plano de negócio te colocará na direção certa e ainda, lhe ajudará a identificar o que funcionou muito bem e o que não respondeu da forma com que você gostaria.

Seu plano é o mapa da mina, então confie em tudo o que planejou.

Muitos perguntam: se é possível alterá-lo no meio do caminho... Claro, é possível, desde que você identifique que alguma ação pré planejada não está funcionando tão bem como deveria, compreende?

Só procure anotar essas alterações para que, ao final, você possa identificar e não as repetir.

Para aqueles que ainda não sabem O que é um plano de negócios, vou lhe apresentar agora, e seus benefícios, mas antes gostaria que você soubesse, que apenas 1% dos empreendedores começam seu negócio com um plano de negócios.

Isso é um erro gravíssimo, mas é cometido por simples falta de informação. Por esse motivo no meu livro eu vou lhe falar tudo o que você precisa saber sobre um bom plano de negócios.

Um plano de negócios se consiste em uma ferramenta de gestão que analisa detalhadamente todas as áreas de uma organização com o intuito de estruturar um empreendimento. Isso pode ser feito por meio da elaboração de planos de marketing, estruturação interna, plano financeiro, plano operacional e definição de estratégia, para que o negócio alcance os objetivos determinados pelo cliente.

Ficou confuso? Vou simplificar:

Um Plano de Negócios é basicamente um instrumento de planejamento, no qual as principais variáveis envolvidas em um empreendimento são apresentadas de forma organizada.

Obviamente, o processo de fazer planos para a criação de um novo negócio, sempre existiu, mesmo que de forma empírica ou somente na mente do empreendedor. Mas, a montagem de um documento com a análise das principais variáveis envolvidas no futuro negócio, ordenadas segundo um modelo, ou uma ordem lógica, que é o que caracteriza um plano de negócios, é relativamente recente e se popularizou com o surgimento das chamadas empresas "ponto-com" ocorridas a partir da década de 90. Hoje, o "Business Plan" ou Plano de Negócios, em bom português, faz parte de nosso cotidiano e quando se fala em um novo empreendimento, quase que fatalmente se fala na elaboração de um Plano de Negócios como o primeiro passo a ser dado.

OBJETIVO DO PLANO DE NEGÓCIOS

Para a maioria dos empreendedores, a elaboração do plano de negócios tem como principal objetivo a apresentação do empreendimento a possíveis futuros parceiros comerciais como sócios, incubadoras e investidores.

Porém, embora sirva muito bem para essa finalidade, eu considero que o principal benefício da montagem de um Plano de Negócio está no conhecimento adquirido pelo próprio empreendedor durante esse processo. Desde que levada a sério, a elaboração do plano de negócios induz a realização do planejamento de forma organizada, forçando o empreendedor à reflexão.

Questões como:

Quem é o comprador de meu produto?
É possível produzi-lo a um custo comercialmente viável?
Meu projeto é lucrativo?

E inúmeras outras questões a serem analisadas, são determinantes para o sucesso ou fracasso do empreendimento e a busca por essas respostas tem boas chances de gerar conhecimento para o empreendedor, diminuindo incertezas e consequentemente os riscos para o empreendedor

Pode-se pensar no plano de negócios, como uma série de questões que deverão ser respondidas pelo empreendedor de forma a prepará-lo para a montagem efetiva do negócio. O quadro mostra a estrutura de um modelo de Plano de Negócios elaborado segundo esse conceito:

Questões para o empreendedor	Módulo
O QUE vai ser feito? POR QUEM vai ser feito?	1. O EMPREENDEDOR
O QUE vai ser oferecido ao mercado?	2. O PRODUTO
A QUEM vai ser oferecido e QUEM vai competir conosco?	3. O MERCADO
COMO o cliente vai ser atendido	4. MARKETING
QUANTO gastaremos e QUANTO teremos de retorno?	5. FINANÇAS
QUANDO realizaremos as atividades e atingiremos as metas?	6. CRONOGRAMA DE ATIVIDADES E METAS

Note que, de uma forma sintética, praticamente todos os aspectos relevantes de um empreendimento foram contemplados. Um empreendedor que seja capaz de planejar e responder satisfatoriamente a essas questões, com certeza estará bem mais preparado para enfrentar o mercado.

Evidentemente, a montagem de um bom Plano de Negócios não garante o sucesso do empreendimento, mas, sem dúvida, representa um importante passo nessa direção.

Utilizando o plano, fica muito mais fácil descobrir e analisar fatos que podem ser determinantes para o sucesso, ou o fracasso, de seu empreendimento.

A montagem de um bom Plano de Negócios deve ser uma das primeiras ações para a criação de uma empresa e servirá como um norte para as ações que deverão ser tomadas pelo empreendedor.

A elaboração de um Plano de negócio é fundamental para o empreendedor, não somente para a busca de recursos, mas, principalmente, como forma de sistematizar suas idéias e planejar de forma mais eficiente, antes de entrar de cabeça em um mercado sempre competitivo.

O seu Plano de Negócio deve ajudá-lo a responder questões importantes relativas ao seu negócio antes de seu lançamento. Não é incomum mudanças profundas no projeto ou até mesmo o abandono da ideia inicial, quando se começa a pesquisar e checar as suposições iniciais para a montagem do Plano de Negócio. É justamente aí, que reside o seu valor: é muito mais fácil modificar um negócio que está apenas no papel do que quando seu negócio já estiver funcionando e comprometendo uma parcela expressiva de seus recursos.

RECOMENDAÇÕES IMPORTANTES SOBRE O MODELO DE PLANO DE NEGÓCIOS

Um modelo é exatamente isso que o seu nome diz: um "modelo". Serve para você ter uma visão melhor do que é um Plano de Negócio e eventualmente aproveitar a estrutura ou parte dela adaptada ao "seu negócio". Mas cada projeto é único, mesmo que se trate da mesma área de atuação. O fundamental aqui, mais do que a conclusão do Plano, é a pesquisa que você terá que realizar em busca das respostas às inúmeras perguntas que irão surgir e o consequente aprendizado resultante desse trabalho. O modelo não é uma camisa de força. Se o seu negócio apresentar peculiaridades em relação ao modelo de plano de negócio apresentado, não hesite em adaptá-lo a suas necessidades específicas.

Se você estiver pensando em lançar uma pequena empresa de consultoria ou um negócio online, não tenha dúvidas, faça você mesmo seu Plano de Negócio. Isso vai lhe dar maior segurança na implantação e direção do projeto. Agora se estamos falando de projetos de maior porte, digamos, alguma coisa envolvendo mais de dois dígitos (em milhares) é bom procurar especialistas. Mas mesmo nesse caso, é muito importante o seu envolvimento pleno na elaboração do Plano.

Se você pretende usar o seu Plano de Negócio para levantar recursos, é ótimo que você capriche na apresentação, porém, mais importante que isso é a consistência dos dados que embasarão o seu projeto. Seja conservador em suas análises e, principalmente, em suas estimativas financeiras, pois a fase da euforia já passou. Além disso, essa é a forma correta de se planejar no mundo real dos negócios e vai dar credibilidade ao seu Plano de Negócio.

E por fim, não se assuste se mesmo tendo pesquisado e planejado exaustivamente, você tiver que alterar parcialmente seu projeto depois de lançado o negócio. Isso é absolutamente normal. Afinal de contas, se não houvesse incerteza, não haveria riscos, e se não houvesse riscos, não haveria o lucro.

COMO MONTAR UM PLANO DE NEGÓCIOS

O plano de negócios é importante justamente para que o empreendedor saiba exatamente quanto de investir e como deve fazê-lo de maneira a conseguir lucrar, é como um planejamento, onde se organiza as ideias para ver se são viáveis.

- ***Sumario executivo do plano de negócio:*** esta parte deve conter o resumo das partes mais importantes do plano de negócio, dados dos empreendedores, a missão da empresa, o setor em que vai se inserir sua forma jurídica, fonte de recursos, capital social e qual será a fonte de recursos. Essa parte do seu plano de negócios só deve ser feita quando todas as demais estiverem concluídas.

- ***Resumo dos principais pontos do plano de negócio:*** Neste tópico é necessário escrever sobre como é o negócio, quais os produtos ou serviços que irá oferecer aos seus clientes, qual será seu público-alvo, o local onde a empresa irá se instalar, quanto irá investir na mesma, qual o faturamento mensal esperado e o temo que espera obter retorno de seu investimento.

- ***Dados dos empreendedores e suas atribuições:*** neste tópico deve-se colocar quais são as experiências dos empreendedores que farão parte do negócio e quais funções cada um vai desempenhar.

- ***Dados do empreendimento:*** Nesta parte colocam-se os dados da empresa, incluindo o CNPJ se a mesma já foi cadastrada.

- ***Missão da empresa:*** Essa parte é muito importante, pois vai falar de maneira mais detalhada o que é esperado do negócio e dos futuros funcionários que farão parte dele. A missão nada mais é do que o papel que a empresa desempenha junto a sociedade e a razão pela qual ela foi feita. Na hora e desenvolver a missão da empresa tenha em mente algumas perguntas como: Quem é meu consumidor? Qual o valor dele para a empresa? entra outras, vale a pena pesquisar a missão de outras empresas ara se ter uma base.

- **Setor de atividade:** Neste tópico você deve definir qual será o ramo de atuação de sua empresa e consequentemente saber e qual setor ela se encaixa, alguns exemplos de setores são: Indústria, Agropecuária, Comércio e Prestação de serviços.

- **Forma jurídica:** Esta pare do plano de negócios deve ser avaliada com cuidado, nela você deverá definir e qual forma jurídica ela se encaixa Microempreendedor individual (MEI), Empresário Individual, Empresa Individual de responsabilidade individual ou Sociedade limitada

- **Enquadramento tributário:** Escolher seu enquadramento jurídico é muito importante, pois a partir dessa escolha será possível verificar como o simples nacional incidirá no Simples Nacional, que leva em conta o faturamento anual da empresa e esta sujeito a aprovação da receita federal. Nessa categoria a empresa pode ser classificada em ME, com receita bruta superior ou igual a 360 mil, EPP, com renda anual maior que 360 mil e inferior a 3,6 milhões. Existe ainda o MEI que é o modelo ideal para pessoal que faturam até 60 mil reais por ano e possui no máximo um funcionário.

- **Capital Social:** O capital social é um conjunto de itens como dinheiro, ferramentas e equipamentos, ou seja, é tudo que a empresa possui, desde o dinheiro em caixa até os investimentos em infraestrutura, é muito importante descrever ada item pertencente a empresa pois quando o plano financeiro for ser elaborado você saberá com certeza qual o total de capital que deve ser aplicado.

- **Fonte de Recursos:** Nesta etapa é necessário descrever como serão obtidos os recursos para a abertura da empresa, se serão próprios ou obtidos por investimentos, empréstimos ou ajuda de terceiros.

Na segunda parte do estudo do seu modelo de plano de negócios será necessária a realização de uma Análise de mercado seguindo os seguintes tópicos:

- **Estudo de clientes:** é uma das etapas cruciais na elaboração do seu plano de negócios, é necessário identificar as características do consumidor, tais como a faixa etária, sexo, trabalho renda, caso o negócio seja direcionado a atender empresas é preciso verifica qual o ramo das mesmas, qual sérvio oferecem, a quanto tempo estão no mercado.

- **Estudo de concorrentes:** tão importante quanto saber para quem seu produto será vendido é saber quem são os concorrentes da empresa, para fazer esta parte do projeto será necessário avaliar os pontos fracos e fortes das principais empresas concorrentes, como a qualidade do atendimento, preço cobrado, localização, preço. Logo após ter esses dados em mãos deve ser feita uma análise, levando em consideração as seguintes premissas, possível superar os concorrentes, qual será o diferencial que a empresa terá em relação as demais, o mercado oferece espaço para concorrência.

- **Estudo de fornecedores**: nesta etapa será necessário avaliar as empresas que irão fornecer os materiais e matérias primas necessários ao funcionamento da empresa, o cadastro de cada uma dessas empresas deve ser mantido atualizado. Deverá ser feito um trabalho de pesquisa para se ter uma base de preços, prazos de entrega, garantias, qualidade entre outros aspectos.

Na terceira parte do plano de negócios será necessário avaliar e formular um plano de marketing que deverá conter os seguintes itens:

- **Descrição dos produtos e serviços:** neste tópico do é preciso descrever em detalhes todos os produtos e serviços que serão oferecidos pela futura empresa.

- **Preço:** Aqui o preço do produto deverá ser calculado levando em consideração o valor gasto na fabricação, a mão de obra utilizada e o quanto se deseja receber de retorno.

- **Promoções:** quais promoções deverão ser implantadas para que o produto se torne conhecido, é possível utilizar-se de meios como, rádio, Televisão, internet, carros de som, panfletos.

- **Comercialização:** avaliar como o produto será distribuído e chegará nas mãos do consumidor.

- **Localização:** Qual é o melhor endereço em que o negócio poderá se localizar uma loja, por exemplo, possui mais visibilidade no centro da cidade, uma indústria na maioria das vezes é mais aceita em um bairro industrial.

Antes de se concluir o plano de negócios ainda será necessário levar em consideração pontos como, qual o tempo de retorno do investimento, como os funcionários serão divididos na empresa, quais funções cada um terá, quais serão os gastos fixos e variáveis, custos com o transporte dos produtos, metas a serem alcançadas mês a mês, cada item deve ser feito com todo cuidado e atenção pois é somente a partir desse estudo detalhado é possível prever o sucesso ou insucesso de um empreendimento.

Você também poderá precisar realizar uma pesquisa de mercado, que poderá envolver as seguintes análises:

- **Análise Setorial:** Os sintomas que caracterizam a necessidade de uma Análise Setorial envolvem dificuldades de se atingir resultados positivos no setor atual de atuação ou ainda a abertura de um novo empreendimento. Os resultados esperados envolvem compreender melhor este setor para verificar sua viabilidade, considerando uma empresa entrante, e as oportunidades que ele oferece.

- **Análise de Demanda:** A necessidade de uma Análise de Demanda se dá quando inovação ou diversificação no mercado de atuação da empresa são necessários, visando atender melhor às necessidades do público-alvo. Os resultados esperados envolvem traçar o caminho ótimo para que o empreendimento se adeque ao público que deseja atingir, alavancando resultados de vendas. Análises de demandas, ainda verificam a intenção do público de consumir o produto ou serviço a ser lançado, e ainda, as preferências desse público em relação ao produto/serviço.

- **Análise de Oferta:** Uma Análise de Oferta envolve a resolução de problemas relacionados à concorrência de uma empresa já atuante no mercado ou de uma ideia de negócio. Verificam-se os erros e acertos dos concorrentes para traçar uma estratégia em busca da diferenciação do produto ou serviço que sua empresa deseja ofertar para conquistar o mercado. Esta análise é capaz de identificar o grau de satisfação do mercado, e ainda analisam concorrentes diretos e indiretos, as vantagens e desvantagens que cada um deles possui.

- **Análise de Fornecedores:** A Análise de Fornecedores é requisitada quando há dificuldade ou necessidade de mudança de fornecedores de uma empresa já atuante no mercado ou, ainda, um estudo dos melhores fornecedores disponíveis para uma ideia nova de negócio. O objetivo é chegar ao fornecedor ótimo de insumo ou serviço que o empreendimento necessita para atender seu público. Com essa análise será possível analisar os aspectos financeiros, de qualidade, atendimento, localização, condições de pagamento e frete de possíveis fornecedores.

CAPÍTULO 3 Por onde começar?

> *"É fazendo que se aprende a fazer aquilo que se deve aprender a fazer."*
> *Aristóteles*

Todos os dias nas mídias sociais, eu vejo a mesma história se repetir, dia após dia, muitas pessoas comentando que não levam jeito para empreendedorismo... Será?

Tanto o ato de empreender quanto o ato de investir exigem duas coisas muito importantes: aprendizado e atitude! Em outras palavras, tanto quando se decide empreender quanto quando se opta por investir não se trata de simplesmente de aplicar o dinheiro e "esquecer dele". Se queremos realmente um bom rendimento sobre o mesmo, precisaremos estudar muito, estarmos sempre atualizados e aplicar as melhores práticas.

Sendo assim, o fato de achar que não leva jeito para empreender trata-se de como você se sente hoje em relação a isso. Lembre-se que empreender nada mais é do que realizar um conjunto de ações a fim de que um determinado objetivo seja alcançado. Você pode empreender um pequeno negócio ou uma ação solidária de Natal, por exemplo.

Para ficar mais claro, vou citar o meu primeiro empreendimento. Acredito que poucos sabiam disso, mas o primeiro que desenvolvi foi um jornal de anúncios de classificados. Minha experiência em empreender era zero, mas eu tinha interesse de lançar um jornal de classificados, pois naquela época, eu havia feito uma viajem a São Paulo e no minimercado do meu Tio, toda semana era entregue um jornal de circulação local, com uma grande área destinada a classificados. Pouco depois eu estava no interior de Minas Gerais e com a influência que eu tive lá na visita ao meu Tio de São Paulo, observei que naquela época não existiam opções de jornais de classificados naquela região, segui por esse caminho juntamente com um primo que era jornalista. Foquei principalmente em muito conteúdo exclusivo para o comércio e preços baixos para os anunciantes.

A fim de garantir a qualidade dos anúncios, eu, juntamente com o meu Primo, elaborei todo o conteúdo, contratamos alguns colunistas (empresários locais dispostos a falar sobre sua vivência ou sobre o seu negócio), mas também tínhamos colunistas de verdade, que escreviam para os jornais locais, para áreas de moda, cultura e lazer, entre outros, estruturei as matérias e diagramei tudo antes de enviar para a gráfica. A seguir, percebi que precisaria divulgar o jornal e não sabia como fazê-lo. Comecei então anunciando através de panfletagem e cartazes em locais de grande circulação. Quando dei por mim, a primeira edição estava com os espaços publicitários todos vendidos, e o número de anunciantes eram bem mais auto do que eu esperava e os leitores e anunciantes ficaram bastante satisfeitos com o resultado. Eu estava empreendendo e nem sabia!

Então se você acredita que não leva jeito para empreender, talvez não tenha tentado de verdade ou não se interessasse por aquilo que estava empreendendo – quanto maior seu interesse, melhores serão os resultados. Então, antes de dizer que você não gosta ou não leva jeito para empreender, que tal pensar um pouco: o que você gosta de fazer ou estudar? Em que você é "expert" ou gosta de dedicar seu tempo livre? Como transformar isso num produto ou serviço interessante para outras pessoas? Haverá público suficiente para isso? Se sim, então você já estará no caminho certo para um bom empreendimento.

Esse é o meu primeiro conselho – se você acredita que não leva jeito para empreender, talvez só precise ver tudo com nova perspectiva e um passo de cada vez.

Muitas pessoas sonham em empreender para ter liberdade de horários, tomar as próprias decisões e enriquecerem rapidamente. No entanto, as coisas não funcionam exatamente assim. Ser empresário consiste em trabalhar muito mais do que oito horas por dia, sacrificar feriados e finais de semana, além de, muitas vezes, não tirar férias.

Segundo dados estatísticos do Sebrae, diversos negócios fecham suas portas nos primeiros dois anos de vida. Portanto, na dúvida entre investir ou abrir uma empresa, primeiro pense bastante. Isso é o que você realmente quer fazer? É o que vai lhe trazer realização pessoal? Entenda suas expectativas e, se este for mesmo o seu sonho, faça acontecer.

As franquias são os modelos empresariais mais procurados pelos empreendedores. Isso porque são testadas antes de irem para o mercado e, de fato, funcionam. Em muitos casos, o dono também precisa acompanhar, mas apostar em negócios sólidos pode ser uma opção bem interessante. Agora, se pretende montar uma empresa do zero, leve em consideração seus gostos e aptidões. Identifique sua maior habilidade, principais hobbies e veja de que forma trazer tudo isso para um produto ou serviço que atenda às pessoas. Após esse levantamento, pesquise se a ideia preencherá uma demanda e, em caso de resposta afirmativa, você estará no caminho certo.

Mas, tenha em mente que toda decisão é arriscada. Sempre respeite seu perfil como investidor e siga com segurança.

Está com medo de tudo dar errado? Dê pequenos passos, esse é o segredo.

Em 2015, os empreendedores Vinicius Andrade e Douglas Losacco investiram 10 mil reais para criar a Vesteer: uma plataforma de criação, venda e distribuição de produtos personalizados. No ano passado, o empreendimento faturou 5 milhões de reais.

É preciso pensar grande, mas executar com os pés no chão, planejando as ações de curto prazo para que os objetivos sejam alcançados mais rapidamente. Com isso, você ganhará confiança para arriscar mais.

A família e os amigos são a melhor fonte de suporte, então busque apoio na família, converse com os seus amigos, você verá que não estará sozinho, e essa confiança lhe dará as forças necessárias para continuar.

Apresente sua ideia para amigos e familiares, e dê o primeiro passo, que é validar a sua ideia de negócio. Por vezes uma ideia parece genial para quem a concebeu, mas ao ser submetida a um processo de validação, não resiste às críticas e objeções. Portanto você deve validar uma ideia de negócio.

Empreender é uma opção saudável para grande parte dos profissionais. E poderia ser uma alternativa para momentos de crise como a que vivemos atualmente, onde as vagas de emprego são escassas. Infelizmente, a grande maioria nunca experimentará esta possibilidade profissional por diversos medos que sentem e não lhes permite seguir em frente.

O que os profissionais não sabem é que estes medos representam apenas aprendizados obtidos ao longo de suas vidas. Aprendizados absorvidos por anos em conversas com pais, amigos, professores, colegas de trabalho, etc. Assim, frases ficam registradas em suas mentes, gerando medo, como:

- Eu não tenho habilidade para empreender

- Se eu empreender posso perder todo meu dinheiro

- É melhor ter um emprego seguro e repleto de benefícios do que ter um negócio próprio cheio de riscos

- Não vale a pena empreender devido a quantidade de impostos que se paga no Brasil

- Não tenho uma ideia de negócio para empreender
- Não sei vender e tenho medo de me autopromover
- Eu tenho conhecimento, mas não sou tão bom assim para construir um negócio
- Tenho medo de fracassar ou de ter muito sucesso
- Eu nasci para ser empregado e não para ser dono de empresa
- Baseado no meu passado, é impossível eu ter um negócio de sucesso

Ao longo da minha vida profissional já aconselhei diversas pessoas com um desejo de empreender e construir sua marca, mas que precisaram da minha ajuda pois havia medos, como os descritos acima, que as controlava.

Aqui no meu livro eu vou lhe dar dicas valiosas de como superar esses medos e assim virar um empreendedor de sucesso:

1- A grande maioria dos seus medos não são reais

Todo medo é uma fantasia criada pela nossa mente para evitar que você siga em frente e produza uma mudança em sua vida. Todo cérebro funciona para nos manter em nossa zona de conforto e longe de mudanças grandes. Principalmente porque a parte responsável pela criação do medo não possui a capacidade de analisar cenários futuros. Sendo assim, essa parte inconsciente de seu cérebro não consegue prever se a mudança será positiva ou negativa e, para evitar qualquer risco, cria o medo para que não prossiga.

Avalie se seu medo é real. O medo de se pendurar em uma janela é real e envolve diretamente risco à sua vida, portanto este medo faz sentido e deve ser respeitado. Agora, o medo de empreender é real? Mesmo que já tenha tentado uma vez e não tenha tido sucesso, isso significa que não conseguirá no futuro? Qual a prova real você tem de que não conseguirá ter sucesso empreendendo?

2- Entenda a origem destes medos

Como disse anteriormente os medos são produtos de experiências vividas no passado. Um trauma vivido pode gerar uma série de medos para que você nunca mais passe por uma situação parecida. Outros medos podem ser criados simplesmente pelas pessoas que nos rodeiam. Por exemplo, se você ouvir desde criança de seus pais que empreender é muito arriscado e o correto é procurar um emprego público pois é mais seguro, você pode absorver esta ideia e produzir medos no futuro para atender a esta ideia.

Para entender seus medos, escreva quais medos possui e em quais situações ou com quais pessoas você aprendeu. Foi alguma experiência no passado que te fez pensar assim? Foi algo que ouviu repetidas vezes? Ou foi algo que você observou acontecendo com pessoas próximas? Agora, só porque aprendeu estes medos você precisa viver eternamente desta forma? Será que você não consegue fazer diferente?

3- Aja apesar do medo

O medo sempre estará presente em você. Ele possui a função importantíssima de te manter vivo. Sendo assim, mesmo trabalhando determinados medos, entendendo suas origens e que são apenas formas imaturas de sua mente lidar com o desconhecido, outros medos poderão aparecer. Você nunca será capaz de eliminar todos os medos de sua vida e essa tentativa é o maior erro que alguém pode cometer.

Portanto, aprenda a entrar em ação, independente do medo que sente. Empreenda em um cenário menor, com menos risco, investindo menos dinheiro, mas empreenda. Essa experiência é a forma mais eficaz de diminuir a sensação de medo e elevar sua autoconfiança.

4- Faça uma autoanálise sincera

O primeiro passo para perder o medo de abrir um negócio é fazer uma autoanálise. Ninguém melhor do que você para avaliar se esse medo de abrir um negócio se deve ao risco natural do mercado ou de uma incerteza sobre sua capacidade de gerir seu próprio negócio.

5- Escolha um negócio pela qual tenha paixão

Se o medo de abrir um negócio próprio tem como uma de suas origens, o medo do desconhecido, não faz o menor sentido se meter em um segmento que você não domine ou tenha paixão, concorda? Lembre-se que um dos objetivos de quem deseja montar um negócio próprio é a satisfação pessoal.

Pesquise exaustivamente o mercado, recorra ao Sebrae para ter informações mais detalhadas e converse com outros empreendedores para ter certeza de que o segmento que você deseja abraçar é exatamente aquilo que você imagina.

6- Fale com outros empreendedores

Perca o medo de montar seu negócio próprio conversando com outros empreendedores. É importante que você busque informações e referências, principalmente na etapa de planejamento e modelagem do seu negócio.

Outra boa ideia é tentar ouvir outros empreendedores que já possuem alguma experiência no setor. Busque saber com eles como enfrentar os momentos de dúvidas e incertezas, e de que forma enfrentaram estas situações.

Muita gente tem medo de montar um negócio por não conhecer a realidade do dia a dia do negócio, que muitas vezes elas encaram como uma barreira, e ao saber da realidade constatam que são superáveis.

7- Faça um planejamento detalhado

Lembre-se do planejamento, o qual eu venho falando desde o início deste livro, ele é essencial para qualquer tipo de negócio e funciona como ferramenta para livrar-nos do medo de montar um negócio próprio. A explicação é bem simples. Se você tiver o negócio somente em sua cabeça, é claro que ficará muito confuso.

Quando você faz um planejamento detalhado de todo o projeto e imprime, você passa a ter um documento em mãos, e isso lhe dará maior firmeza na hora de tomar decisões. Além de uma peça fundamental para qualquer iniciativa empreendedora, será de grande apoio moral.

8- Errar faz parte do processo de aprendizado

Se você sabe andar de bicicleta, também deve saber que para chegar ao ponto que chegou, as quedas iniciais são inevitáveis. Isso funciona também nos negócios. Os erros fazem parte do aprendizado e não podem ser encarados como um fracasso decisivo.

Muita gente tem medo de montar seu próprio negócio justamente por temer que alguma coisa dê errada no meio do caminho. Se isso acontecer, encare como naturalidade, aprenda com o erro e siga em frente sem repeti-lo.

Agora que você já leu as minhas dicas de como perder o medo de abrir um negócio, vá em frente e aceite esse desafio, seja um empreendedor.

CAPÍTULO 4 Cuidados Na Hora De Abrir Seu Próprio Negócio

"Pessoas bem-sucedidas e malsucedidas não se diferenciam muito em suas habilidades. Elas se diferenciam em seus desejos por atingir seus potenciais."
John Maxwell

Quando você comprou esse livro, você já deu o primeiro passo para se tornar um empreendedor de sucesso.

Todos nós sabemos que a estrada para o sucesso não é pavimentada com tijolos amarelos, ela tem muitos buracos e por esse motivo que eu resolvi escrever esse livro, porque todos sabem que abrir seu próprio negócio é um passo muito importante na vida de qualquer pessoa, trata-se da concretização de um sonho.

Justamente por isso, a atitude deve ser extremamente calculada e tomada com muito cuidado, pois pode ser irreversível e prejudicial a uma situação financeira estável.

Estudar o mercado, ouvir conselhos de quem já está no ramo e respeitar as experiências na carreira são algumas atitudes que, certamente, contribuem para a evolução da empresa e a chegada dos lucros.

Por via de regra, o abrir seu próprio negócio é sempre algo muito idealizado pelos que o fazem, sejam startups ou os já estabelecidos no mercado.

Essa idealização, no entanto, deve ser controlada para que o resultado não seja o oposto do imaginado e o sonho não se torne em um verdadeiro pesadelo financeiro e um terrível baque no ego do empreendedor.

Para iniciar um empreendimento, é preciso respeitar o lápis e o papel e fazer contas sobre o que será investido com equipamentos e pessoas, sem precipitações. Fazer um plano de negócios bem estruturado é um ótimo começo.

A ROTINA DE ABRIR SEU PRÓPRIO NEGÓCIO

Além de calcular os custos, o empreendedor iniciante deve fazer uma investigação minuciosa sobre o ramo em que pretende atuar. O ideal é conversar com pelo menos cinco empreendedores que já atuem na área há algum tempo.

Faça uma pesquisa de mercado e verifique o que está em falta, o que o público deseja ter que ninguém ainda fornece, ou quando fornece, o faz de maneira ineficiente.

Abrir um negócio não é suprir a nossa necessidade, mas, sim, as deficiências do mercado!

Identifique que tipo de problema das pessoas você pode resolver e apresente a sua solução.

Outro ponto fundamental é o respeito a alguma afinidade ou habilidade adquirida durante a carreira profissional, fator que, com certeza, irá colaborar para o desenvolvimento da empresa.

ASSUMINDO SUA POSIÇÃO COMO EMPREENDEDOR

Um dos cuidados na hora de abrir seu próprio negócio diz respeito à sua postura pessoal diante dessa nova situação. Tão importante quanto todos os fatores que eu já citei neste livro, é a aceitação que a pessoa deve ter de sua nova posição no mercado, a de empreendedor.

Há uma diferença brutal entre administrar a própria empresa e trabalhar com 13º salário e cumprimento de horário e férias todo ano.

Quem pretende empreender deve, previamente, compreender que, especialmente nos primeiros anos, terá de dedicar de doze a dezessete horas diárias à empresa e renunciar a uma série de atividades por conta disso.

Ter o próprio negócio exige muita dedicação e entrega afetiva, é uma escolha de vida que pode não ter volta. Por conta disso, todo cuidado é pouco na abertura de um empreendimento.

Estando ciente dos cuidados na hora de abrir o seu próprio negócio o seu risco será muito menor e sua probabilidade de sucesso crescerá muito.

COMO ABRIR UM NEGÓCIO PRÓPRIO SEM DINHEIRO?

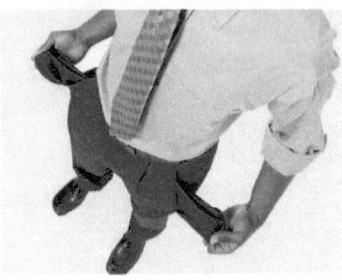

Simples, não dá. Todo empreendimento precisa de um capital inicial e por isso você deve avaliar bem seus recursos financeiros. Não que você precise de rios de dinheiro para começar seu próprio negócio.

A bem da verdade, nem sempre, abrir um negócio exige muito dinheiro. No segmento de consultorias, por exemplo, você só precisa de dinheiro para se manter no início, ou seja, somente os seus gastos com transporte, alimentação, telefonia e internet.

Agora, se você já tiver um capitalzinho, poderá entrar no segmento de franquias. Existem diversas oportunidades de franquias baratas que podem ser uma bela porta de entrada para o mundo do empreendedorismo.

Se você tem o capital para investir, melhor, pois uma medida prudente é evitar o endividamento, principalmente em tempos de juros estratosféricos como o que vivemos, mas se não tiver todo ele, existe a opção do microcrédito, por exemplo.

Para o pequeno empresário é uma modalidade de financiamento empresarial bastante interessante. De qualquer maneira, é importante que você saiba exatamente quanto terá que gastar para abrir sua empresa.

ABRIR SEU NEGÓCIO PRÓPRIO COM UM SÓCIO EXIGE CUIDADO

Essa é uma outra armadilha para a qual você deve estar atento. Muitas vezes, para fugir da questão do capital inicial e financiamentos, as pessoas buscam sócios, mas talvez este não seja o melhor caminho.

Se o seu sócio não tiver a mesma visão e disposição que você, dificilmente a empreitada dará certo. Se ele for apenas a fonte de recursos, cedo ou tarde os problemas surgirão.

Abrir seu negócio próprio com um parceiro que não corresponde às suas expectativas pode trazer muito mais decepção do que satisfação, portanto, muito cuidado com esse aspecto do negócio.

Eu mesmo já passei por muitas decepções com sócios.

Com a falta de capacitação em uma determinada área ou até mesmo com o intuito de agregar mais investimentos ao negócio, o candidato a empreendedor considera cada vez mais a possibilidade de montar um negócio em sociedade. Mas muitas vezes é pego pelo medo de fazer uma escolha inadequada e acabar sendo prejudicado. A grande dica aqui é buscar parceiros com perfis complementares. Por isso é tão importante identificar as características e habilidades e onde elas podem se encaixar no negócio.

É comum que as sociedades terminem em conflitos e problemas judiciais, isso quando não acabam de forma ainda mais trágica, com brigas sérias e problemas pessoais entre os envolvidos. Outras vezes, o negócio dá certo. Saiba avaliar quando pode ser interessante abrir uma empresa com sócio.

Os problemas em uma sociedade podem estar relacionados às dificuldades de comunicação, aos desejos egoístas dos sócios, às diferenças desproporcionais de capacidade, entre outros casos. É importante ressaltar que a sociedade não é uma divisão apenas de poder e lucro, mas também de responsabilidades e trabalho. Veja a seguir algumas dicas de como escolher seu sócio, abrir uma empresa e garantir uma sociedade muito mais produtiva!

Como você pode ver, existem muitas considerações a serem feitas na hora de pensar sobre como abrir seu negócio próprio e por isso, minha recomendação é que você amadureça a ideias ao máximo antes de botar a mão na massa.

COMO FAZER UMA SOCIEDADE DAR CERTO

Saber como fazer uma sociedade funcionar é realmente uma arte e na maioria das vezes essencial para o sucesso do negócio.

É sabido que começar um negócio exige coragem, disposição e algum dinheiro. No entanto, é comum que o empreendedor se depare com situações em que não se tem todos esses elementos necessários à mão.

Nesses casos uma das alternativas mais comum de resolver esse impasse é iniciando uma sociedade.

Dividir as responsabilidades e preocupações de iniciar uma empresa com alguém ajuda a manter o foco no trabalho e ouvir as opiniões do seu parceiro te ajuda a enxergar melhor a situação da sua nova empresa.

Mas não é tão simples escolher a pessoa que cuidará da empresa junto com você. Tomar a decisão de abrir um negócio em sociedade exige muito critério para que no futuro as coisas não fiquem difíceis entre vocês dois e acabem prejudicando a empresa.

Para fazer uma sociedade funcionar de forma harmoniosa, existe três fatores que devem ser considerados. Confira:

1) Conheça o seu valor

Conheça todos os seus pontos positivos e dedique-se a aprender como trabalhá-los da maneira mais proveitosa para a empresa.

Também reserve um tempo para identificar as suas fraquezas e em quais pontos você acredita que não poderá contribuir com a empresa.

Tendo consciência disso, você poderá procurar uma pessoa que tenha as características ideais para complementar as suas deficiências e não se tornará refém das vontades do seu sócio

2) Amigos ou não?

Todos gostamos de trabalhar com pessoas com as quais nos damos bem, isso é um fator que, geralmente, pesa muito na hora de escolher um sócio. Entretanto, fuja da ideia de escolher uma pessoa para a sua sociedade apenas pelo fato de ela ser sua amiga próxima.

Em muitos casos, escolher um amigo como sócio pode até mesmo complicar as relações de trabalho, devido à intimidade e liberdade que um tem com o outro.

Você deve prezar por uma pessoa que trabalhe no mesmo método que você, que ofereça boas ideias e que, embora não seja uma amiga próxima, tenha um bom relacionamento com você.

3) Comece pequeno, mas pense grande

Mantenha em mente que trazer um sócio para a sua empresa não fará milagres. Sente-se com ele, alinhe expectativas e crie um plano de crescimento para a empresa de vocês.

Comece de baixo para cima, com planos fáceis de serem realizados até planos maiores, que vão necessitar de mais esforço, tempo e dinheiro para serem cumpridos.

E lembre-se de que uma sociedade justa é aquela que traz benefícios para ambas as partes, assim como deve ser empreendido o mesmo esforço por parte de cada sócio.

COMO ESCOLHER UM SÓCIO

Saber como escolher um sócio para o seu negócio é fundamental para garantir a prosperidade da iniciativa e poupar muita dor de cabeça.

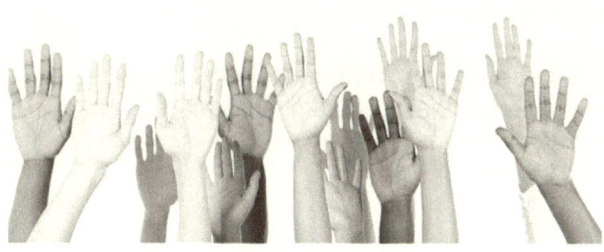

Quantas vezes você já ouviu histórias de empresários que se arrependeram amargamente de ter convidado uma determinada pessoa para uma sociedade? Garanto que muitas vezes, não é?

Eu mesmo já me arrependi amargamente em algumas sociedades, e posso dizer com bastante propriedade, que o importante é você deixar tudo muito claro, crie inclusive um acordo de encerramento da parceria, deixando tudo de modo claro e transparente.

O fator afinidade é fundamental

A origem da palavra sociedade vem do Latim, societas, que significa "associação amistosa com outros" segundo a Wikipédia. Portanto, o primeiro passo na hora de escolher um sócio é ter afinidade para poderem criar um ambiente amistosa na relação empresarial.

Uma associação comercial é como um casamento e por isso você precisa encontrar uma pessoa que seja extremamente compatível com sua maneira de ser, caso contrário a coisa não irá funcionar direito.

O fator complementação

Outro mandamento do manual de como escolher um sócio e encontrar uma pessoa ou pessoas, que complementem suas habilidades, que tragam um valor a mais para a estrutura que você quer desenvolver.

Se você é bom na área administrativa, busque por alguém que se sobressaia na área operacional ou de vendas. Dessa forma, um complementa o outro e criam uma sinergia entre as expertises que acaba transformando o negócio em algo muito maior.

Valores em comum

Uma sociedade envolve muito mais do que planejamento, produção e distribuição, envolve também situações em que os valores éticos e morais falam muito mais alto do que qualquer argumento técnico ou financeiro.

Por isso, na hora de escolher um sócio, é necessário que ele compartilhe dos mesmos valores morais e éticos que você, pois na hora das decisões difíceis, onde atalhos existem, o caminho mais longo possa ser aceito sem conflitos.

Os opostos se atraem

Outra dica para decidir como escolher um sócio para sua empresa é procurar uma pessoa que seja diferente de você para que o mix das duas culturas e atitudes crie um ambiente de discussão de pontos de vista, que quando bem conduzida acaba fortalecendo a empresa.

Se você tem um perfil mais conservador, procure um sócio que tenha um perfil mais arrojado. Em uma relação societária de sucesso é sempre bom ter um dos sócios fazendo o papel de anjo e o outro de diabo. Basta alinhar esses papeis para que não acabe gerando conflitos.

Comprometimento ajuda muito

Tente buscar um sócio que esteja realmente comprometido com o processo e não apenas participando. O ideal é que do ponto de vista financeiro ele esteja tão envolvido quanto você. Isso reforça a aliança.
Comprometido não é sinônimo de se matar de trabalhar como muitos pensam. Comprometido é a simples ação de arcar com um compromisso feito a alguém, se utilizando de regras propostas a fim de se alcançar a exatidão do ato ou ação, só que tem pessoas que acham que estar comprometido é trabalhar de domingo a domingo do nascer do sol até a hora de a exaustão chegar.

Ter um sócio que em caso de fracasso do empreendimento, não vai ter um prejuízo tão grande quanto o seu, muitas vezes é chamar para você toda a responsabilidade do sucesso, por isso, esse risco deve ser comum aos dois, para forçar um com prometimento total.

Alinhamento de expectativas mútuas

Outro motivo comum para atritos em uma sociedade é a frustração em relação a expectativas. Muitas vezes os sócios nutrem uma série de expectativas em relação um ao outro e no final essas expectativas acabam não se confirmando.

Para evitar isso, uma das dicas sobre como escolher um sócio para sua empresa é discutir exaustivamente o que cada um espera do outro para que as responsabilidades estejam muito bem definidas desde o início. Isso certamente irá evitar muitos conflitos.

Estabeleça seus objetivos logo no início

Saber como escolher um sócio ideal para o seu empreendimento também é saber aonde você quer chegar. Determinar um objetivo claro para o negócio é fundamental para saber se o seu futuro sócio tem o perfil para encarar esse desafio.

Se você é ambicioso e pensa grande, se associar a uma pessoa sem muitas ambições pode ser um erro fatal, pois após atingir um determinado patamar, a tendência do seu sócio será se acomodar, enquanto você estará pensando em passar para um nível superior, e aí, certamente os conflitos aparecerão.

VOU TER UMA SOCIEDADE E AGORA?

Divisão de lucros

Mais de um sócio é também garantia de se ter mais dinheiro para que o investimento inicial seja alcançado. No entanto, os lucros obtidos serão repartidos conforme um acordo, dependendo quando cada sócio investiu na ideia ou conseguiu dinheiro para isso. A análise de resultados e a organização quanto ao controle das finanças, gastos e prestação de contas deverão ser mais precisas e eficientes, o que exigirá um investimento maior em funcionários, ou terceirização para cumprir essas metas.

Captação de investimentos

Mais pessoas são capazes de angariar mais fundos para a criação de uma empresa, venham estes de reservas pessoais ou de instituições maiores. Porém, mais importante do que o capital, é importante encontrar meios de fazer com que ele seja aplicado de maneira correta.

Tomadas de decisões

Além disso, de acordo com o que fora combinado inicialmente, o poder será mais ou menos repartido entre os sócios, havendo inevitavelmente interferências quanto à tomada das decisões mais importantes, mesmo que cada um cumpra uma função pré-determinada.

É comum haver discussões e divergências, portanto, ao ter uma sociedade empresarial é preciso ser flexível, aberto ao diálogo e saber fundamentar a argumentação. Lembre-se de que decisões, para serem acertadas, precisam ter base nos números da gestão e do mercado no qual o empreendimento se inclui. Isso garante que os sócios não façam escolhas insensatas.

Quando devo firmar uma sociedade?

Se você não tem tempo e habilidade para cumprir todas as tarefas relacionadas à abertura e condução de um negócio, se associe a alguém para ser mais produtivo! Planejamento, marketing, finanças, melhorias na oferta do produto ou serviço, contratações são apenas alguns dos pontos que devem ser muito bem gerenciados em uma empresa. Portanto, pense bem se você pode comandar tudo isso sozinho.

Também vale destacar que se juntar à outra pessoa faz com que você pense diferente, reavalie projeções e planos, e não fique apenas apegado a uma ideia. Lembre-se ainda de firmar uma sociedade com um contrato, definindo o pró-labore de cada parceiro, suas participações e obrigações. Para dar certo, uma sociedade precisa de cabeças que acreditem em um mesmo projeto e queiram levá-lo ao sucesso.

CAPÍTULO 5 Como criar valor para o cliente?

*"Acho que ser natural e sincero
é o que realmente importa."
Freddie Mercury*

Um detalhe que as pessoas geralmente não compreendem é o fato de gerar valor para os clientes. Mas talvez não seja porque não querem e, sim porque não sabem como fazer.

Em tudo podemos criar VALOR. Claro que em algumas situações, esse valor será criado muito superficialmente, pois o cliente não está disposto a ouvir atentamente o discurso ou apresentação do vendedor quando está com pressa.

Mas, ainda assim, criar VALOR é uma necessidade para as empresas se manterem no mercado e para propiciarem crescimento e desenvolvimento.

Provavelmente você já ouviu falar que gerar valor para clientes é a solução de todos os seus problemas, principalmente em épocas de recessão. Mas sempre fica um assunto subjetivo, nebuloso, não dá para mensurar exatamente o que temos que fazer. Bom, receita de bolo não existe, mas eu agora vou te apresentar os 3 princípios básicos para gerar mais valor para clientes.

Seja um vendedor, gerente, dono de uma empresa, sem VISÃO de longo prazo, não haverá empresa sólida, sustentável.

Quando as pessoas que trabalham na empresa não veem perspectiva de crescerem profissionalmente, passarão esse comportamento à empresa, que terá dificuldades em mostrar a importância do crescimento e do desenvolvimento profissional. Isso levará a uma empresa inerte, estagnada. Se a visão da empresa é a de crescer, melhorar seus lucros e resultados, deve repassar essa visão aos colaboradores, desde o momento da seleção de pessoal ao dia-a-dia destes na empresa. Começa-se a criar VALOR numa empresa muito antes de os clientes adentrarem ela.

Tudo começa com a pergunta: por que a sua empresa existe?

Eu adoraria ouvir todas as milhões de histórias fantásticas sobre o motivo da existência das empresas em que vocês trabalham, mas se formos generalistas, vamos chegar a algumas conclusões:

Nós precisamos sobreviver

Para sobreviver temos que comer, vestir, dormir, aprender etc.

Para atender a essas necessidades, o ser humano se organizou para criar indústrias, escolas, hospitais, prefeituras, enfim, empresas.

Empresas são organizações de recursos que facilitam a sobrevivência de outros seres humanos.

No fim, toda empresa existe para satisfazer necessidades daqueles que precisam do resultado daquele trabalho. Toda vez que consigo satisfazer a necessidade de alguém com o resultado do meu trabalho, eu consigo agregar valor a este alguém. Ou seja, toda vez que eu quiser aumentar o valor agregado eu devo aumentar o grau de satisfação do meu cliente. Mas como fazer isso?

1 – O cliente deve estar no lugar dele!

Quando um cliente liga na sua empresa, o que é prioridade? Terminar o relatório, escrever aquele e-mail, entrar naquela reunião chata, terminar a apresentação que o você como chefe mandou... Nesse momento não há clichês no seu site que substituem a verdade: você realmente prioriza o seu cliente?

Uma boa forma de saber se o seu cliente é uma prioridade é identificar quanto tempo demora para um cliente ser atendido. Se for muito, não importam suas boas intenções, seu cliente não é prioridade!

O motivo da sua empresa existir são os clientes. Tudo bem que sempre haverá mais trabalho que pessoas, mas estou falando de priorização, sobre o que vem primeiro em momentos de turbulência de atividades: o seu grito de chefe ou a voz do seu cliente?

2 – Estude o trabalho!

Somos pagos para saber como fazer! Veja bem, cozinheiros são pagos para cozinhar, mas a grande sacada é entender que existem cozinheiros e existem chefes de cozinha!

Quanto mais complexo e desafiador é o conhecimento, mais interessante pode ser o trabalho entregue. Teoricamente, gerará mais valor e você poderá cobrar mais por isso.

Quanto mais você estuda o trabalho, mais você o entende, mais você se torna melhor para executá-lo e isso faz com que você consiga entregar maior valor. Estude o trabalho!

3 – Entenda como o trabalho funciona!

Parece igual, mas não é! Uma coisa é saber dirigir, manobrar, conhecer o carro, entender o que está fazendo. Mas não é o mesmo que a compreensão de como funciona o tráfego. Por que acontecem engarrafamentos? O que vai acontecer quando decidirem adicionar uma faixa de ônibus ou mudar a frequência dos semáforos?

É sobre entender o sistema! Impactos, entradas, saídas, riscos, como isso influencia as pessoas, processos, salários e todo resto do organismo.

Se você não entende isso, por que você acha que consegue melhorar o trabalho a ponto de gerar mais valor para o seu cliente?

São basicamente 3 lições: priorize seu cliente, estude seu trabalho, entenda o sistema.

Sistemas de gestão da qualidade são baseados nisso: satisfazer clientes com pessoas competentes executando processos eficazes!

As empresas buscam satisfazer seus clientes com o objetivo de conquistá-los e torná-los fiéis. É mais barato manter um cliente que conquistar um novo. Determinados segmentos como a telefonia celular buscam algumas estratégias promocionais como tarifas mais baixas para convencer clientes de outras operadoras a migrarem para a sua.

Existem empresas que ainda não se conscientizaram que apenas satisfazer o cliente não é mais um diferencial, hoje a idéia é encantar o cliente. Conforme Philip Kotler, uma das autoridades em Marketing, os dois elementos envolvidos no grau de satisfação são: a expectativa do consumidor e o desempenho do produto percebido. Por exemplo, quando você vai comprar um automóvel o que você espera dele? Conforto, design, estabilidade, economia, poder de revenda etc. o que você espera do vendedor de automóvel?

Que ele conheça muito bem o produto, suas características, benefícios, vantagens e que ele tenha um atendimento prestimoso.

O que você espera da loja?

Que ofereça facilidades ou desconto na forma de pagamento e que tenha uma boa assistência técnica. Estes fatores são as expectativas do consumidor.

Quando você compra o automóvel vai agora confirmar se suas expectativas são atendidas ou não, estamos falando do desempenho do produto percebido.

Como estes dois elementos se interagem formando o conceito de satisfeito, insatisfeito e encantado?

É simples, quando o desempenho do produto percebido atende as expectativas do consumidor, ele fica satisfeito, quando este desempenho fica abaixo da expectativa, ele fica insatisfeito e quando o desempenho supera, vai além da expectativa, o consumidor fica encantado. Portanto, encantar o cliente significa oferecer um pouco mais do que ele está esperando. Assim, você que quer empreender deverá estabelecer uma cultura interna de encantamento aos clientes, antes faça isto com seus colaboradores. E por fim, lembre-se que todos nós temos expectativas quanto ao nosso futuro ou presente, e assim, ficar satisfeito, insatisfeito ou encantado com nossa vida, depende.... do nosso desempenho.

Por isto é tão importante a compreensão, por parte das empresas e dos profissionais que prestam serviços ou vendem produtos, das reais motivações de seus clientes, buscando maneiras de atender suas demandas.

Você como empreendedor, deverá considerar o contexto da comercialização, criando condições de oferecer, além da satisfação das necessidades de seus clientes, o atendimento das demandas e desejos enquanto pessoa.

CONHECENDO AS NECESSIDADES DOS CLIENTES. O MÉTODO KANO

Nós sabemos que a Gestão da Qualidade é basicamente sobre satisfazer a necessidade dos clientes, certo? Mas muitas vezes, descobrir estas necessidades, torna-se um grande desafio, já que elas podem estar explícitas ou implícitas.

Antes que você pense "este trabalho é do departamento de Marketing, querida, não tenho nada a ver com isso", já quero erradicar esse pensamento. Todo empreendedor precisa entender a necessidade do cliente para que assim, seu empreendimento trabalhe em função dela, por isso que a qualidade é responsabilidade de todos! Principalmente sua! Se as pessoas executam processos pensando nas necessidades dos clientes a execução com certeza será mais direta e focada. É claro que se a sua empresa possui um departamento de marketing, provavelmente ele trabalhe com mais ênfase para descobrir as necessidades dos clientes, mas o importante mesmo é que tenha alguém na empresa se preocupando com isso, mesmo sendo só você, ou melhor, que todos se preocupem com isso.

Na década de 1980, um homem chamado Professor Noriaki Kano desenvolveu uma maneira gráfica e simples para pensar e estruturar as necessidades dos clientes. Ele dividiu as expectativas dos clientes em 3 grupos: coisas que preciso, coisas que quero ou desejo, coisas que me encantam ou superam minhas expectativas.

COISAS QUE PRECISO

São expectativas básicas, é aquela hora que você chega no shopping num sábado 12h30 e quer encontrar uma mesa na praça de alimentação, mas não encontra. É o tipo de coisa que você fica indignado e pensa: "como assim não tem?" Coisas que você não pensa em mencionar até que elas não existam. É algo que se existir, não vai satisfazer o cliente, vai simplesmente cumprir o requisito, porém, a ausência causa insatisfação.

Mas como sempre, todo bom cliente quer muito mais do que as necessidades.

COISAS QUE QUERO

As coisas que eu desejo não são as mesmas coisas que preciso. Eu quero uma mesa espaçosa com bancos confortáveis, quero alguém para me atender e trazer o meu almoço rápido (que não é o mesmo que no tempo prometido) e não quero pagar caro por isso.

Existe uma relação linear entre o que preciso e o que eu quero, veja bem:

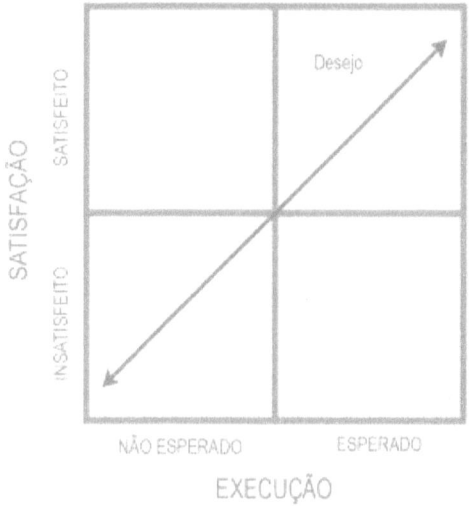

Agora que já tenho minhas necessidades e desejos atendidos, o que mais vocês podem fazer para me satisfazer?

COISAS QUE SUPERAM MINHAS EXPECTATIVAS

Há ações que as empresas podem fazer que surpreendem os clientes, e isso causa felicidade. Pode ser algo bobo, como, um café expresso gratuito após minha refeição, ou a atendente que me falou algo engraçado e me fez rir.

O gráfico ficaria assim:

O bom do modelo Kano é que ele faz a gente pensar, tornando explícito o que é realmente importante para os clientes. Mas pensar não é o suficiente, as coisas só vão ser mesmo interessantes se você estabelecer planos de ações e agir sobre os pensamentos.

Ainda falando sobre VALOR, por que os seus clientes deveriam comprar de você?

Já havia pensado isso? É por causa do preço, por causa da qualidade ou por causa do valor que você gera para sua empresa, despertando o desejo de comprarem a sua marca?

Se você entender como conseguir despertar o desejo dos seus clientes pela sua marca, você pode comemorar, pois são poucas empresas que conseguem despertar esse sentimento nos seus consumidores. E você consegue fazer isso através da geração de valor, compreende?

Hoje em dia, eu invisto 50% do meu tempo para criar conteúdo para você que está lendo meu livro agora, ou me acompanha em redes sociais. Consequentemente, estou gerando valor para você.

Agora, dê uma pesquisada nas empresas de grande sucesso, observe como eles geram valor e pense em como você poderá gerar valor para os seus clientes. Esse pequeno exercício poderá estimular suas ideias!

POR QUE SEU CLIENTE PRECISARÁ DE VOCÊ?

Ou melhor, por que ele comprará de você, e não do seu concorrente?

Melhor Preço?

Uma possível resposta seria: Porque no meu empreendimento eu terei o melhor preço!

Se essa é sua resposta: Parabéns!

Ter o melhor preço e prazo hoje não está nada fácil, é quase impossível, e por quê?

Porque em épocas como essa, cobrar mais caro que a concorrência pelo mesmo produto ou serviço, precisa ser uma decisão no mínimo, muito bem pensada – talvez no caso de uma oportunidade de negócio única, ou por causa do seu posicionamento de mercado.

De modo que na prática, seus concorrentes devem estar praticando um preço bem próximo do seu.

Se hoje os preços são muito próximos entre os concorrentes, será que esse é o fator fundamental de compra mesmo?

EXPERIÊNCIA

Os clientes, eu e você por exemplo, queremos comprar de fornecedores que não apenas tenham o melhor preço, prazo e qualidade. Queremos comprar uma experiência grandiosa!

Seja aquele balconista da padaria que te chama pelo nome e já adianta seu pedido, seja o garçom daquela pizzaria que te traz uma porção extra de pão e não te cobra.

Sempre temos na memória aqueles lugares que gostamos de voltar, porque lá entendem o que a gente quer e atendem essa expectativa – se superarem então... meu Deus!

CRIANDO EXPERIÊNCIAS

Mas isso não aconteceu do nada. Da primeira vez que você foi a esses locais o seu histórico com ele era zero. Algo precisou ser construído ao longo do tempo, algo chamado: "Relacionamento".

Criar um relacionamento envolve tempo e dinheiro, tentativa e erro. Observação. Paciência. E acima de tudo: Informação.

Mas não estou falando aqui de apenas saber o time que seu cliente torce, a cidade onde ele nasceu, se ele tem filhos, quais os hobbys – para puxar aquele assunto antes de uma reunião – mas sim de conhecer os fatores que interferem naquela decisão de compra, ou de novas compras.

Se você estiver vendendo para uma empresa, por exemplo, precisa saber quem é o chefe do seu cliente, quais as pressões que seu cliente recebe, quem influência na decisão de compra dele, quem é o cliente interno dele, quais os requisitos para homologar seu produto ou serviço, e às vezes, entender o sistema de tributos do cliente.

Isso significa que preciso ser o melhor amigo do meu cliente? Não necessariamente. Mas geralmente os melhores vendedores são. E você que está empreendendo, precisa fazer essa lição de casa, estudar os seus clientes, aprender como funcionam e como agem.

SOLUCIONAR PROBLEMAS

Talvez você não consiga, ou não queira, ser o melhor amigo do seu cliente. Não tem problema. Tem muita gente super prática por aí. Os clientes compram de empresas ou pessoas que solucionam problemas.

Pense em um time de campeões para compor o seu empreendimento. E saiba que melhor vendedor da sua equipe será o expert em solucionar problemas para o cliente, e não um simples anotador de pedidos.

O cliente vai comprar de quem entende como ele quer ser atendido, com quem ele desenvolve um histórico de acertos, e de quem entende e atende as expectativas e valores dele. Isso é criar VALOR.

Mesmo quando ocorrerem erros da sua parte ou da parte da sua empresa, a velocidade de resolução dessa situação pode até ajudar a melhorar o seu histórico com esse cliente, porque agora ele sabe que até para consertar erros, você é bom. Isso também é VALOR.

QUEM CONHECE O CLIENTE?

No seu empreendimento você e sua equipe precisam conhecer o cliente e saber como o cliente gosta de ser atendido?

Sim, você descobrirá que a maioria das vezes, em quase 100% dos casos, é sempre o vendedor que saberá essas informações.

Mas chegamos aqui a duas questões fundamentais:

As outras áreas da sua empresa precisarão estar alinhadas com o que o vendedor vai prometer.

Todos precisam saber o que será acertado.

Não ter todos esses detalhes à mão, é principal causa de conflitos na empresa quando o pedido chega. E você não vai querer isso para o seu negócio.

Quando não temos um sistema eficiente de informação na área comercial (um CRM) o vendedor precisa garantir pessoalmente que as diferentes áreas da empresa cumpram o que ele prometeu, o que é desgastante, e nada prático, porque o afasta do objetivo real que é, vender.

MEU CLIENTE É FIEL E NÃO GOSTA DE MUDAR

Uma vez ouvi uma história, de que o filho pequeno de um amigo sempre cortava o cabelo no mesmo barbeiro que ele frequentava. Uma barbearia clássica, com aquelas poltronas pneumáticas antigas, que mais pareciam macas de dentista.

O seu Orlando, o barbeiro, figura simpática com aquela capa branca, bigode grisalho e óculos fundo de garrafa, sempre tinha uma balinha para o garoto que enquanto esperava o pai cortar o cabelo, folheava revistas amareladas e jornais velhos.

Certa vez ao sair para cortar o cabelo do filho o barbeiro estava fechado. Como era época de volta às aulas e ele precisava cortar o cabelo do filho, meu amigo o levou até um salão, perto dali.

Ao chegarem lá foram atendidos por uma recepcionista supersimpática que serviu café para o pai e deu um chocolate para o garoto. O pai foi o primeiro a ser atendido. Enquanto o pai cortava o cabelo, o filho ficou jogando vídeo game.

Na hora de lavar os cabelos, o garoto recebeu uma demorada massagem nos cabelos com shampoos, cremes e outras coisas. O corte especificamente, foi sem novidades, mas ao sair do salão o garoto disse: Pai! Nunca mais quero ir no seu Orlando!

ENFIM, POR QUE SEU CLIENTE COMPRARÁ DE VOCÊ?

Pois é, não existe cliente fiel. Ele fica com você enquanto você praticar um preço justo, ou na média do mercado.

Ele comprará de você, se você resolver os problemas dele rapidamente, e se você já tiver um relacionamento, se já o conhecer há tempos, e vocês tiverem um histórico positivo de acertos, ele saberá – não apenas confia – que você fará o máximo para atendê-lo do jeito que ele quer.

Se você tiver a sorte de desenvolver uma amizade com esses clientes parabéns! isso vai tornar o seu trabalho e o dele, muito mais agradável, no entanto, isso não significa que ele fará vista grossa se sua equipe não entregar o produto ou serviço da forma como vocês vierem a negociar.

POR QUE EU PRECISARIA DE UM CRM?

Foi para garantir que todos na sua equipe falem a língua do cliente, e que o vendedor tenha mais tempo e tranquilidade para vender, sem precisar ficar acompanhando pessoalmente a execução de um serviço, ou a fabricação e entrega de um produto, que eu lhe digo, tenha um CRM na sua empresa.

Além de registrar tudo que é importante, o CRM ajuda você a organizar sua rotina – todas suas tarefas do trabalho estarão lá, acessíveis de qualquer lugar, e não apenas no seu computador da empresa ou na sua agenda de papel.

E olha que nem comentei sobre como o CRM pode mudar para sempre sua forma de fazer follow-ups de clientes, e acompanhar suas oportunidades de venda!

Agora que você já sabe como criar valor para o seu cliente, lembre-se:

Não apenas diga que você é o melhor. Seja o melhor!

CAPÍTULO 6 Acerte nos Investimentos

"Os empreendedores falham, em média, 3,8 vezes antes do sucesso final. O que separa os bem-sucedidos dos outros é a persistência"
Lisa M. Amos

Em tempos de crise, pequenos e médios empreendedores costumam ficar inseguros em relação ao mercado. Com a queda no volume de negócios, surge a incerteza sobre o futuro do empreendimento no médio e no longo prazo. Mas, ao contrário do que se pode pensar, investir no negócio nessas horas pode ser positivo para a sobrevivência e o crescimento da empresa.

Nesses momentos, o segredo é saber planejar os investimentos para enfrentar as turbulências e garantir que o empreendimento saia da crise ainda mais forte do que quando entrou.

Mesmo que, nos momentos negativos da conjuntura econômica, o número de clientes caia, o que acaba resultando em menor faturamento, a empresa segue operando e, ainda que em volumes menores, atendendo aos seus compradores. Os clientes que se mantêm fiéis durante a crise devem ser preservados e atendidos da melhor forma possível.

Ao contrário do que muitos pensam, investir em um momento de crise pode trazer ótimos resultados.

Assim, enquanto as demais empresas tendem a reduzir seus investimentos, os empreendimentos que seguem investindo – e atendendo aos clientes da mesma forma ou até melhor do que antes – têm tudo para destacar-se das concorrentes.

Em resumo, a melhor postura a ser adotada por um empreendedor em épocas de vacas magras, por mais paradoxal que possa parecer, é investir parte dos recursos na diversificação do negócio.

Muito provavelmente, o resultado dos investimentos será a conquista de mais clientes. E, assim, apesar da conjuntura negativa, será possível atravessar o sombrio período econômico sem maiores percalços.

INVESTIR É PRECISO, DIVERSIFICAR TAMBÉM

É claro que, para se ter sucesso nos investimentos e na diversificação dos negócios, os passos têm de ser bem medidos, considerando as características do empreendimento, a atual oferta e demanda pelos novos produtos ou serviços e a própria familiaridade do empreendedor com os novos itens. Tudo isso será determinante para o sucesso do investimento.

Além disso, o empreendedor precisa ter clara a idéia de que, aconteça o que acontecer, o capital de giro da empresa deve ser mantido. Se esta medida já é importante em épocas normais, torna-se essencial nos períodos em que a roda da economia nacional ou mundial não contribui para o sucesso do empreendimento.

Nesse contexto, torna-se novamente vital a palavra "planejamento": uma das premissas do bom empreendedor é saber planejar a vida financeira, garantindo a disponibilidade de uma reserva de dinheiro para caso de turbulências.

Se conseguir manter essa reserva, o empresário estará mais firme do que os concorrentes que também remam contra a maré externa negativa no mundo dos negócios. Além disso, caso necessite de algum montante para contornar algum eventual prejuízo, não precisará recorrer a empréstimos no sistema financeiro, cujos juros costumam ser elevados em tempos de crise.

Outra forma de fortalecer a empresa, com o objetivo de favorecer os novos investimentos, é explorar os pontos positivos, tentando eliminar os negativos. Esta estratégia pode ser adotada, inclusive, de forma a confrontar as virtudes do próprio negócio com os pontos fracos dos concorrentes. A abordagem mercadológica dessa comparação pode ser sutil ou até mesmo agressiva – como uma campanha de marketing específica –, dependendo do estilo do empreendedor.

Mas o importante mesmo é que seja assertiva: se conseguir mostrar aos clientes que o produto ou serviço oferecido é melhor ou tem melhor custo-benefício do que os rivais, a passagem pela crise será ainda mais positiva para a empresa.

O QUE É CAPITAL DE GIRO?

Tradicionalmente, os recursos de uma empresa são divididos em duas partes. A primeira vai para investimentos em imóveis, máquinas e mobiliário, os chamados ativos fixos. A segunda serve para arcar com salários, produtos e contas como de energia, água e telefone, entre outras, caracterizando o capital de giro.

O capital de giro é o dinheiro usado para tocar o negócio no dia a dia e custear as necessidades corriqueiras da sua empresa. Ele chega a representar 60% do total dos ativos de uma empresa. Quando ele está em falta, são necessárias providências urgentes para reorganizar a casa.

E por que o capital de giro é tão importante? "Problemas no capital de giro podem obrigar o empresário a recorrer a empréstimos em bancos, acarretando posterior pagamento de juros e consequente redução de ganhos", afirma o diretor-superintendente do Serviço Brasileiro de Apoio às Micro e Pequenas Empresas (Sebrae), Bruno Caetano.

Segundo ele, a calibragem do capital de giro é uma tarefa sem fim, que deve ser feita todos os dias na empresa. "Quando bem-feita, elimina ou evita boa parte dos problemas de caixa e contribui decisivamente para a saúde financeira do negócio", afirma.

COMO CALCULAR A NECESSIDADE DO CAPITAL DE GIRO?

Para calcular a necessidade de capital de giro da sua empresa, você pode olhar para o balanço patrimonial da companhia para fazer a conta. O balanço patrimonial é um dos mais importantes demonstrativos em um negócio, e tem o objetivo de representar a evolução do patrimônio total do seu negócio em um determinado período de tempo.

Com o balanço em mãos, você precisa de duas informações para calcular a necessidade de capital de giro: o ativo circulante e o passivo circulante. O ativo circulante representa os recursos disponíveis a curto prazo, como caixa, bancos, aplicações financeiras, contas a receber e estoques, por exemplo. Já o passivo diz respeito a financiamentos a curto prazo da empresa, como fornecedores, contas a pagar e empréstimos.

Com esses valores em mãos, a necessidade de capital de giro pode ser calculada da seguinte forma: necessidade de capital de giro = ativo circulante – passivo circulante. Se esse valor for positivo, a empresa está com superávit de capital de giro e não é necessário recorrer a bancos ou outras fontes de recursos. Se estiver negativo, seu negócio pode estar em risco.

Entre as consequências do capital de giro baixo estão a exigência de mais vendas à vista ou redução do número de parcelas. O cenário também implica no ajuste do calendário das contas a receber com a data limite das contas a pagar.

É PRECISO MANTER CAPITAL DE GIRO SUFICIENTE

De acordo com o Sebrae, de cada dez empresas que abrem, seis fecham em cinco anos de vida. Esse índice é considerado muito alto para os padrões de hoje, com o avanço do conhecimento e das consultorias de gestão. Um dos principais desafios de um empreendimento, para que o empresário fuja dessa estatística, é a perfeita administração do capital de giro.

O capital de giro é o montante financeiro de reserva que o empreendedor deve utilizar no início do negócio para suportar as despesas, já que a empresa normalmente fatura muito pouco durante os primeiros meses, até seu crescimento efetivo de vendas.

Depois de retirados os gastos iniciais de montagem do negócio, é necessário, para a sobrevivência da empresa nos primeiros anos, um faturamento que possa cobrir pelo menos os gastos que foram feitos para seu funcionamento efetivo. Entre eles, financiamento de máquinas, equipamentos, reformas, salário dos sócios e alguns custos fixos para manter o equilíbrio financeiro desejado. Porém, como o faturamento das empresas nos primeiros seis meses de vida é realmente muito baixo, é preciso lançar mão do capital de giro para cobrir essas despesas.

O grande questionamento dos empreendedores iniciantes é: como faço para saber qual o capital de giro necessário para uma empresa funcionar e não ter problemas financeiros? A resposta passa pelo planejamento inicial, em bases realistas, de todos os gastos que o empreendedor terá no início do negócio. Ele deve planejar os gastos em função do negócio que ele está desenvolvendo em pelo menos três anos e separar um montante de dinheiro para o capital de giro.

A sugestão é que o empresário se prepare para que nos primeiros seis meses o capital de giro possa cobrir até 70% dos gastos desse período e que separe, também, um capital adicional para cobrir até 50% dos gastos para os próximos seis meses.

É obvio que mesmo separando esse capital para ser usado no início da empresa, eventualidades podem ocorrer e o capital não ser suficiente, mas, nesse caso, é necessário repensar o negócio e até refazer os cálculos antes que o capital separado acabe.

Formular metas mais ousadas de vendas e de resultados é fundamental para que esse capital de giro não seja consumido na sua totalidade, fazendo uma análise crítica a cada três meses.

Os estoques também funcionam como capital de giro da empresa e aumentar o giro desses estoques pode ser uma alternativa fundamental para a boa saúde financeira da empresa.

Essa proposta está longe de ser uma receita concreta ou uma fórmula para uma boa avaliação inicial do capital de giro. Duvido que exista essa fórmula, porém é uma alternativa bastante conservadora para que o empreendedor não precise captar novos financiamentos a juros mais altos, fugindo de um círculo vicioso que poderá levá-lo ao desequilíbrio financeiro total e ser obrigado a encerrar seu negócio por falta de capital.

Empreendedores fiquem atentos ao capital de giro, pois é uma ferramenta de gestão fundamental para seu desenvolvimento. Se não souberem nada sobre o assunto, várias escolas de negócios e de educação executiva podem lhes proporcionar cursos preparatórios para esse assunto e em várias áreas financeiras que lhes ajudará na perfeita gestão do negócio.

CAPÍTULO 7 Parcerias X Negócio

*"Se você não traçou um plano para você mesmo,
é possível que você caia no plano de outra pessoa.
E adivinha o que ele planejou para você?
Não muito"*
Rohn

Hoje muito se fala em Fechar Parcerias, mas percebo que por vezes confundem esse modelo de relacionamento com o processo de Fechar Negócios, o qual implica em estabelecer um acordo comercial entre duas partes, Comprador X Fornecedor, através de pedido ou contrato formal, com valor financeiro, nível de serviço e penalidades bem definidas. Parceria não remete a monetização direta do relacionamento, e sim busca a colaboração entre as partes através da sinergia de seus valores e objetivos, cuja moeda pode nos remeter até mesmo ao escambo.

Entretanto, seus acordos em geral não são tão bem estruturados como o de uma compra ou contratação de serviços, mas devemos refletir sobre os termos e bases da parceria, e estabelecer uma formalização clara e por escrito que considere ao menos questões como:

- Escopo: Defina as ações acordadas e respectivas responsabilidades. Pé no chão é a regra. Pense em todos os aspectos envolvidos na execução das ações e não aceite condições inexequíveis;
Busque o Equilíbrio da Balança em uma relação Ganha-Ganha, visando um modelo sustentável. Se a sua contrapartida não é tão boa quanto a da outra parte, reavalie os termos ou desista antes de firmá-lo. Caso insista em formar, com a balança pendendo mais a seu favor, fique ciente do risco de ouvir um não, ou pior, em ver o parceiro não cumprir o combinado;

- Estabeleça condições/termos de Saída: Parceria é como sociedade ou casamento e pode ser dissolvida quando uma das partes está insatisfeita e/ou é incapaz de honrar com as regras pré-acordadas;

- Avalie riscos: Não receie em discutir com o parceiro como os riscos envolvidos serão tratados. Ao avaliar os riscos vocês terão oportunidade de mitigá-los;

- Cuidado com a sua reputação/imagem para não fechar a porta: Mesmo firmando uma parceria desbalanceada a seu favor, não capitalize à custa do seu parceiro. Ele irá se sentir lesado e você pode precisar dele no futuro.

A parceria pode envolver a troca de produtos e/ou serviços, como contrapartida a exposição da marca, marketing indireto e networking, ajudando assim o fomento de novos negócios e conexões, sendo muitas vezes um, senão o único, modelo de monetização, principalmente para startups e novos empreendedores.

Assim, a parceria é um instrumento para desenvolver o seu negócio fortemente recomendado, desde que bem discutida, analisada e registrada em comum acordo. Desenvolva parceiros e cultive fiéis escudeiros para o seu negócio!

Parceiros-chave, competentes e motivados, podem alavancar o crescimento de um negócio.

Um dos maiores desafios dos empreendedores é fazer mais com menos – e, muitas vezes, esse menos é zero. Para ultrapassar essa barreira, caracterizada pela escassez de recursos, um dos melhores (se não o único) caminho é saber estabelecer parcerias estratégicas.

Essas parcerias não são apenas associadas a outras empresas, mas podem ser também a pessoas e colaboradores.

Aliás, parceria com os colaboradores é a primeira grande parceria com a qual todo empreendedor deveria se preocupar. Pessoas certas, qualificadas e que compartilham os nossos princípios são o diferencial no sucesso dos empreendimentos. Encontrá-las, retê-las e dividir os seus sonhos com elas. Portanto, o futuro de seu negócio será fundamental para a criação de valor.

Eu sempre critiquei os processos que transformam as empresas em entidades sem personalidade e fazem com que se esqueçam de que são formadas por pessoas.

Digo isso pois defendo que, para estabelecer parcerias de sucesso com outras organizações, devemos adotar os mesmos princípios que comentei acima, aplicáveis aos nossos colaboradores.

Independentemente de qualquer aspecto técnico ou de sinergia, devemos buscar, antes de tudo, empresas que tenham os mesmos princípios éticos que os nossos, crenças parecidas e, mais importante, onde os líderes e empreendedores estejam alinhados de forma legítima com esses valores.

Isso pode parecer lugar comum, mas depois de quase de 30 anos de mercado, posso garantir que se ganha muito nas negociações e depois na convivência quando fazemos esse primeiro filtro na hora de escolher nossos parceiros estratégicos. Aliás, esse filtro deveria valer para todas as nossas relações, pessoais e profissionais.

Eu mesmo, no início, e até no meio da minha jornada, já fiz péssimas escolhas, e errei feio. O bom disso tudo que agora posso compartilhar o melhor dessas experiencias com você que agora está lendo o meu livro.

Vou te apresentar alguns critérios que eu vim adaptando ao longo do caminho, eu opto pelo popular "ganha-ganha" ou em inglês win-win.

Antes de abordar um potencial parceiro, procure identificar não apenas onde você ganhará, mas quais seriam as vantagens para o seu potencial parceiro – as motivações para que ele faça essa associação com você.

Tenha claro, também, quais são as suas competências, quais aquelas que faltam para seu negócio, quais delas você tem que desenvolver internamente e quais poderia alavancar através de parcerias.

Essas competências deverão ser complementares às suas ou àquelas que não fazem parte do seu negócio principal, mas que fazem a diferença na busca da qualidade, mercados, fornecedores, entre outros.

Fique atento também a que tipo de dependência essas parcerias podem gerar em seu negócio. Lembre-se de que em relações de parceria com alto grau de dependência (fornecedores, por exemplo) qualquer movimento do parceiro poderá afetar e até prejudicar de maneira importante o seu negócio.

Finalmente, saiba administrar o seu entusiasmo com a potencial parceria. Controle a sua empolgação. É muito comum encontrarmos potenciais parceiros que em um primeiro momento parecem resolver todos os nossos problemas e, sem controlar essa empolgação, nos comprometermos com coisas que nos arrependeremos depois.

Respire, volte para casa e consulte algumas pessoas em que você confia, lembra dos amigos e parentes que eu citei no capítulo 3? Pois agora é novamente hora de falar com eles: mas não busque elogios e apoio, mas sim opiniões independentes.

Agora que você já sabe que as parcerias são peças importantes nesse quebra-cabeças que é o empreendedorismo, vou te contar um segredo supervalioso: o sucesso dos negócios depende da sua capacidade de manter suas parcerias saudáveis e felizes.

Como você já sabe o sucesso de um negócio geralmente exige parceria com outras pessoas e empresas para fazer as coisas acontecerem.

Algumas parcerias são formais, como a cadeia de fornecimento de terceiros, enquanto outros são menos formais, como quando os vendedores de empresas diferentes fazem uma parceria para fecharem juntos um serviço.

Portanto é do interesse de todo empreendedor saber como fazer que suas parcerias tanto formais, quanto informais sejam saudáveis e feliz, o que provavelmente vai resultar no sucesso mútuo.

Pensando nisso, eu preparei para você, meu caro leito, um processo de 9 passos que irá que ajudar a conquistar o sucesso em suas parcerias:

1. Prepare-se para renunciar a algum controle

É uma tendência natural que os empreendedores procurem controlar o seu destino. No entanto, a parceria sempre envolve sempre o risco de ficar vulnerável às falhas de seu parceiro.

No mínimo, uma parceria requer que você compartilhe conhecimento – com o seu próprio limite pessoal e os pontos fracos de sua empresa – que pode fazer com que você se sinta menos confortável por revelar.

2. Compreenda suas forças e fraquezas

Antes que você possa considerar uma parceria, você deve primeiro entender o que você e a sua empresa trazem para o relacionamento e para a parceria e com isso, aonde exatamente você precisará de ajuda de algum parceiro.

A maneira mais fácil de fazer isso é criar uma análise de SWOT (forças, fraquezas oportunidades e ameaças). Farei uma explicação mais detalhada da análise de SWOT logo mais à frente.

Se você for verdadeiramente honesto, você será capaz de identificar as áreas onde você pode ser capaz de ajudar um parceiro, bem como as áreas onde você pode precisar de ajuda.

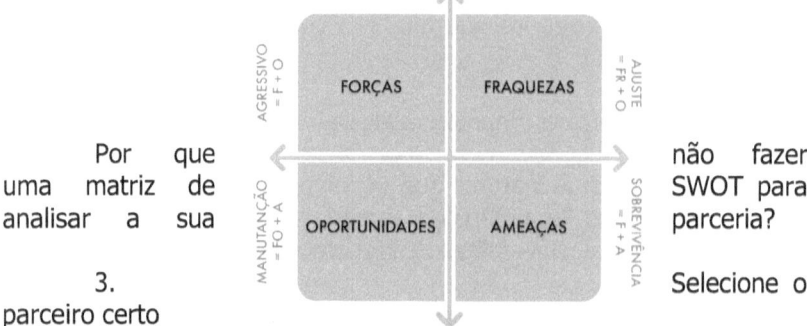

Por que uma matriz de analisar a sua parceria?

não fazer SWOT para

3. Selecione o parceiro certo

Procure indivíduos ou empresas que têm pontos fortes, onde você tem fraquezas e vice-versa.

Por exemplo, se você tem bons produtos, mas possui pouca de vendas, você pode olhar para uma empresa que tem produtos medíocres, mas uma história de sucesso em vendas.

Também é importante avaliar a vontade da outra parte e a sua disposição psicológica para uma parceria.

Só porque uma outra empresa tem capacidade que você precisa, isso não é garantia de que eles estão prontos para ajudar você.

4. Construir um consenso sobre a parceria

Uma vez que a ideia sobre a parceria foi lançada, bote para fora um acordo de trabalho de quem vai fazer o que e quando. Construa um plano de ação para lidar com qualquer oportunidade que você está pretendendo prosseguir.

Se é uma parceria formal e você vai precisar de um contrato, é claro.

No entanto, se a parceria é informal, você ainda deve criar um esboço escrito descrevendo detalhadamente as ações da atividade, as expectativas e responsabilidade de cada parceiro.

5. Adote um rigoroso código de ética

A ética entre os parceiros é o que faz possível uma parceria. A regra de ouro aqui é ser o tipo de parceiro que você gostaria de ter como parceiro.

6. Vá além de seus compromissos

Parcerias de sucesso – especialmente as formalizadas por contratos – requerem confiança entre os parceiros.

A melhor maneira de aumentar o nível de confiança em uma parceria é sempre oferecer um pouco mais do que você prometeu entregar.

Para usar uma analogia fora do mundo dos negócios, os melhores casamentos são caracterizados não apenas por ambas as partes cumprindo seus compromissos mínimos, mas ativamente fazendo extras em uma base diária para fazer a outra pessoa feliz.

7. Seja paciente com a parceria

Se a parceria se desenvolver em problemas, não ceda à raiva ou frustração. Conheça o seu parceiro. Se há dinheiro atrapalhando a parceria, descarte-a de forma justa ou ofereça uma maneira de colocar um ponto final em tudo.

Acima de tudo evite tomar qualquer atitude em desacordo com o seu parceiro, ou uma briga na justiça. O resultado de um processo judicial serão algumas migalhas, se tiver sorte.

Tenha paciência. O resultado das parcerias não vai acontecer da noite para o dia.

8. Monitore e meça

A comunicação ineficaz é a principal razão das empresas falharem. Como acontece com qualquer outro negócio, é ela a medida que fornece a base uma parceria significativa e eficaz.

Esforce-se para ter uma comunicação contínua suficiente para que ambas as partes monitorem a relação tanto no nível macro, quando micro.

Então, quando os desafios aparecerem vocês podem trabalharem juntos para solucioná-los.

9. Celebre

Obter uma parceria com um aperto de mão inicial para um relacionamento de longo prazo exige muito combustível emocional.

Como a parceria progride ambas as partes terão de investir tempo e energia para manter e fortalecer o relacionamento.

O melhor e mais fácil a fazer é comemorar – realmente comemorar – toda vez que a parceria alcança algo significativo.

Se você realmente quer ver a parceria prosperar, faça com que a celebração inclua alguma compensação extra para os envolvidos.

ANÁLISE SWOT

A análise SWOT, também conhecida como análise FOFA ou matriz SWOT, é uma análise pautada no equilíbrio entre o ambiente interno de uma empresa – Forças (Strenghts) e Fraquezas (Weaknesses) – e o ambiente externo – Oportunidades (Opportunities) e Ameaças (Threats). Por isso a sigla SWOT.

Foi desenvolvida na década de 60 na Universidade de Stanford e, rapidamente, se transformou num exercício/método utilizado por todas as principais empresas do mundo na formulação de suas estratégias.

Significado: O nome, SWOT, é uma sigla que significa Strenghts (Forças), Weaknesses (Fraquezas), Opportunities (Oportunidades) e Threats (Ameaças). Por essa razão, o conceito também é conhecimento como análise / matriz FOFA, em português.

Quando usar: Essas áreas são separadas entre análise interna (forças e fraquezas) e análise externa (oportunidades e ameaças). Além disso, também existe a visão dos elementos que ajudam (forças e oportunidades) e aqueles que atrapalham (ameaças e fraquezas). Assim, a Análise SWOT ou FOFA se torna um exercício completo de análise de ambiente que deve ser aplicado em qualquer processo de planejamento estratégico.

Como fazer: O exercício de criar a sua análise SWOT consiste em levantar o maior número possível de itens para cada área. Portanto, vamos analisar ponto a ponto mostrando uma matriz swot exemplo abaixo:

I) Forças:

As forças são elementos internos que trazem benefícios para o seu negócio. Uma outra maneira de pensar sobre isso é imaginar os elementos que estão sob o seu controle, ou seja, você consegue decidir se mantém ou não a situação. Alguns exemplos podem ser:

1) A união da sua equipe

2) Uma certa quantidade de ativos (imóveis, equipamento moderno etc.)
3) Localização privilegiada
4) Relacionamentos estratégicos
5) Modelo de cobrança
6) Competências específicas da equipe
7) Portfólio de clientes de qualidade

São praticamente infinitas as forças que podem ser listadas em um negócio, mas é importante focar no que realmente faz diferença e, também, elementos que podem ser trabalhados em cima.

Faz-se uma análise SWOT não apenas para refletir, mas para criar planos de ação que maximizem fatores positivos e diminua impacto de fatores negativos. Vamos aprofundar o exemplo acima.

1) A união da sua equipe -> Montar um sistema de remuneração integrado
2) Uma certa quantidade de ativos (imóveis, equipamento moderno, etc) -> Capitalização barata
3) Localização privilegiada -> Focar em estratégias de marketing no local
4) Relacionamentos estratégicos -> Segmentar projetos para esse público que temos acesso
5) Modelo de cobrança -> Preços mais competitivos ou economias no estoque.
6) Competências específicas da equipe -> estruturar serviços pautados nelas
7) Portfólio de clientes de qualidade -> coletar depoimentos para utilizar na publicidade

II) Fraquezas:

As fraquezas são elementos internos que atrapalham o negócio. De modo complementar às forças, são aquelas características dentro do seu controle, mas que não ajudam na realização da missão. Alguns exemplos são:

1) Produto altamente perecível
2) Matéria prima escassa
3) Equipe pouco qualificada

4) Tecnologia ultrapassada
5) Processo de entrega

Novamente, o interessante é buscar ações para mitigar essas fraquezas. Logicamente, é importante sair do lugar comum como "falta de dinheiro -> conseguir mais dinheiro". Isso sido dito, vamos aos exemplos:

1) Produto altamente perecível -> Fazer uma precificação amigável à troca e retorno ao ponto de venda
2) Matéria prima escassa -> Mudar de matéria prima ou assumir um posicionamento de luxo
3) Equipe pouco qualificada -> Desenvolver produtos mais simples ou mudar o processo para aproveitá-los
4) Tecnologia ultrapassada -> Vender a estrutura para outras empresas
5) Processo de entrega lento -> Deixar o cliente retirar ele mesmo o produto com mega desconto

III) Oportunidades:

As oportunidades são as situações externas à empresa que podem acontecer e afetar positivamente no negócio. Estes fenômenos normalmente estão fora do controle da empresa, mas existe uma chance de eles acontecerem. Alguns exemplos são:

1) Vai sair uma nova lei
2) Pode surgir um novo curso
3) Minha concorrente precisa de ajuda
4) Ter acesso à uma nova tecnologia
5) Algum produto complementar ao meu ser lançado

As oportunidades são muito perecidas com sonhos do tipo "se isso acontecer, vai ser muito bom.". E, embora elas estejam fora do controle da empresa, deve-se haver uma preparação mínima para o caso dela ocorrer. Vamos avançar com os exemplos:

1) Vai sair uma nova lei -> Desenvolver um produto específico para atendê-la
2) Pode surgir um novo curso -> Planejar para os funcionários terem acesso à ele

3) Minha concorrente precisa de ajuda -> Podemos fazer uma fusão ou aquisição
4) Ter acesso à uma nova tecnologia -> Planejar uma nova linha de produtos
5) Algum produto complementar ao meu ser lançado -> Buscar parceria de marketing

IV) Ameaças:

Por fim, as ameaças são situações externas à empresa que podem atrapalhar o negócio. Assim como as oportunidades, estão fora do controle da empresa, mas sabe-se que existe uma chance de acontecerem. Alguns exemplos, são:

1) Entrada de um concorrente internacional no mercado
2) Pirataria dos seus produtos
3) Mudança na legislação do seu setor
4) Escassez de mão de obra
5) Catástrofes naturais/guerras

As ameaças podem ser traduzidas pelos medos que existem por parte da gestão da empresa. Igualmente às oportunidades, deve-se pensar, mesmo que por alto, maneiras de mitigá-las. Vamos lá:

1) Entrada de um concorrente internacional no mercado -> Fazer contrato de longo prazo com fornecedores
2) Pirataria dos seus produtos -> Estratégias para usar o marketing gratuito gerado
3) Mudança na legislação do seu setor -> Desenvolver um produto específico para atendê-la
4) Escassez de mão de obra –> Desenvolver um curso de capacitação próprio seu
5) Catástrofes naturais/guerras -> Ter planos alternativos e buscar novos mercados

A criação da matriz / análise SWOT (FOFA) é etapa essencial para qualquer planejamento estratégico de sucesso.

CAPÍTULO 8 O que está faltando?

> *"Não podemos prever o futuro,*
> *mas podemos criá-lo."*
> Paul Pilzer

Dar o PRIMEIRO PASSO para a transformação da sua vida, depende ÚNICA e EXCLUSIVAMENTE de você.

O que você vai precisar APRENDER e DESENVOLVER para que SEU NEGÓCIO DECOLE, só vai saber fazendo, colocando a mão na massa, eu lhe darei as dicas, mas depende somente de você.

Medos sempre teremos...

Achar que estamos prontos e que tudo está perfeito, nunca acontecerá...

Estamos sempre buscando mais...

Mais estudos, mais resultados, mais interações, mais compartilhamentos...

Faz parte da nossa essência a busca pela evolução. Mas é muito GRATIFICANTE olhar para o nosso caminhar e admirar a estrada que percorremos.

De acordo com uma pesquisa realizada em 2012 pelo Instituto Brasileiro da Qualidade e Produtividade (IBQP), 44% dos brasileiros daquela época tinham alguma ideia de negócio que pretendem colocar em prática e sonham em empreender. Só que muita gente fica só no sonho e não faz sua ideia virar realidade, por medo, por falta de conhecimento de como fazer ou por muitos outros motivos.

Em pesquisa recente, mostra que sete de cada dez brasileiros que abrem uma empresa tomam a iniciativa por identificar momento favorável para ganhar dinheiro sendo donos do próprio negócio.

Em 2016, mesmo com a crise batendo à nossa porta, o Brasil teve o melhor desempenho no ranking de empreendedorismo por oportunidade entre os países dos Brics (grupo que reúne, além do Brasil, Rússia, China, Índia e África do Sul). O indicador brasileiro também não ficou muito atrás das chamadas "economias maduras", como Estados Unidos (78%) e Reino Unido (84%).

De acordo com dados do Sebrae, 76% dos pequenos negócios conseguiram superar a barreira de dois anos de atividade. Atualmente, os negócios com faturamento anual de até R$ 3,6 milhões representam 99% das empresas brasileiras: um contingente de aproximadamente 8,3 milhões de CNPJs.

Você quer montar um negócio só seu? O que falta para você começar a empreender? Vou ajudá-lo a descobrir.

VOCÊ NÃO SABE MUITO BEM EM QUAL ATIVIDADE QUER ATUAR?

Um dos fatores de sucesso dos negócios pessoais é o empreendedor estar envolvido naquilo que gosta de fazer e se dedicar. Não invente aqui. Se não sabe de que gosta ou não há identificação com nenhuma atividade vendável e viável de se estabelecer no mercado, não se arrisque no empreendedorismo. Ao menos por enquanto.

FALTA CORAGEM?

Os riscos fazem parte de qualquer negócio. O importante é não deixar que os medos o façam parar, desistir ou ficar receoso com a possibilidade de fracasso. Prepare-se psicológica e financeiramente antes de começar o negócio, para não deixar de tentar ou perseverar. Mas isso não significa que você deva persistir em erros. Estude a fundo tudo sobre a atividade, analise os mercados e mude de estratégias quando necessário.

FALTA CAPITAL?

Muitas empresas exigem um investimento inicial bem menor do que você imagina, sobretudo se forem atividades de serviços ou prestações autônomas. Existem atividades que requerem um investimento inicial bem maior, como as principais franquias, indústrias e empresas que trabalham com varejo, por exemplo, porque demandam infraestrutura de instalação, materiais diversos e aquisição de produtos para venda. Portanto, os recursos necessários poderão ser determinantes na hora de escolher qual será seu empreendimento, mas não necessariamente um empecilho.

Pesquise e observe o capital necessário para você abrir e manter a empresa nos meses iniciais. Dependendo da circunstância, da atividade e do seu planejamento, um empréstimo poderá esquentar o negócio, e você poderá ser bem-sucedido a médio ou longo prazo.

VOCÊ NÃO SABE COMO COMEÇAR?

Liderar uma empresa não quer dizer que você não precise de ajuda. Portanto, tente aprender com as experiências alheias, procure conselhos e sugestões de empreendedores mais antigos no mercado, e cerque-se de colaboradores capazes de ajudá-lo efetivamente na coleta, organização e análise das informações. Atualize-se, informe-se, estude – antes de abrir e ao longo da existência de seu empreendimento.

VOCÊ NÃO SABE QUANDO COMEÇAR?

Não existe limite de idade ou momento certo na vida para começar um novo negócio. É claro que elementos externos, tais quais o andamento da economia e a rápida ou lenta aceitação de seu produto pelo mercado influenciam no sucesso do seu negócio, mas os fatores decisivos para a coisa dar certo são o preparo que você tem que ter, sua perseverança e a coragem para enfrentar riscos e empreender. E tudo isso independe da idade ou do seu momento na vida, se você é universitário, solteiro ou casado, ou mesmo aposentado.

Toda pessoa que deseja montar um negócio próprio deve se questionar sobre se possui perfil empreendedor ou não, se vai conseguir assumir os riscos e os atributos para ser um líder. Não é importante apenas conhecer os aspectos da atividade que se pretende implementar, mas ter a plena consciência que será a principal pessoa à frente da empresa, devendo avocar as mais altas responsabilidades e tomadas críticas e estratégicas de decisão. Você está preparado para empreender?

E A CRISE?

Se a recessão econômica é o seu medo, bom, vou te contar algo que talvez você não saiba: A crise não é desculpa para ficar parado. Por isso, vou te apresentar alguns tipos de negócio que se aproveitam de épocas difíceis para crescer, e quem sabe você não se anima.

Na crise econômica, montar um negócio pode ser uma forma de fugir do desemprego, ou ainda uma oportunidade de ganhar mais do que com como funcionário. No entanto, o período de incertezas aumenta o medo de o empreendimento ir por água abaixo. Sendo assim, como saber qual ideia de negócio dá certo numa época em que todas as moedas são contadas? Antes de tudo, é preciso entender que a recessão é uma época em que as pessoas querem se defender de algo. Toda vez que a gente entra em uma crise, as pessoas se posicionam contra determinadas ameaças. Mas, todas as vezes que elas existem, há também oportunidades de negócio.

Essa é a hora de buscar o que você pode fazer de diferente, e tem muita gente prosperando. Claro que não é fácil, mas a gente não pode se abater: a crise tem que servir como um motivador.

Por incrível que pareça, a recessão pode ajudará te ajudar a empreender. Isso porque, com a alta do dólar, a importação se torna uma opção mais cara. Logo, os produtores nacionais podem colocar produtos no mercado e se apresentar para grandes empresas. Seja qual for o foco do seu negócio, ser um empreendedor em tempos de crise não poderá se esquecer da situação de seus clientes, que estão controlando mais os gastos. As pessoas evitam gastar mais com coisas novas, ou seja, há uma tendência de segurar o dinheiro. Você terá que ser mais certeiro no seu negócio. Para acertar esse alvo, a palavra de ordem é estudar muito o mercado e olhar todas as possibilidades. Por isso, eu te apresento estas ideias de negócio que podem dar certo durante a recessão econômica:

1) Venda de cosméticos no varejo

A vaidade é a quarta maior economia do mundo, movimentando uma quantia maior que o PIB da Alemanha. No Brasil, é um mercado consolidado. A possibilidade de negócio nessa área é muito grande, as pessoas não deixam a beleza de lado.

Na crise, é muito comum que muitas pessoas optam por trocar o salão de beleza pelos cuidados em casa. Sendo assim, uma boa ideia de negócio é apostar em produtos de beleza voltados ao consumidor final, oferecendo uma solução mais barata para quem não pode ou não quer se descuidar da aparência.

2) Comida prática

Com crise ou sem crise, o setor de alimentação continua faturando. Mas os consumidores podem poupar idas a restaurantes em prol de opções mais modestas. Por isso, é altamente recomendável buscar algum negócio no setor que facilite a vida do cliente (e que seja financeiramente mais viável). Por exemplo, ao invés de ele ir a restaurante para comer uma salada, o que envolve deslocamento e um preço alto, ofereça uma salada pronta, vendida em supermercados.

3) Empreendimentos sobre rodas

Muitas pessoas demitidas pegam seu Fundo de Garantia do Tempo de Serviço (FGTS) e usam o valor para transformar vans e caminhões em um negócio. Mas, para que a tendência não vire fracasso, é importante você se especializar em poucos produtos, mas inovadores. Eles devem ser baratos e atrair as pessoas. O importante é buscar algo diferente, e fugir do óbvio como as comidas gordurosas que sempre existiram na rua. Para regiões que tenham um apelo de geração saúde, por exemplo, uma ideia é investir em sucos diferenciados, voltados para uma alimentação saudável.

4) Conserto de produtos

As roupas descosturam e o smartphone quebra. Quem geralmente iria direto comprar um substituto se depara com um orçamento apertado durante a crise econômica. A alternativa? Procurar um serviço de reparos. Em geral, o negócio de consertos tende a sobreviver mais na crise, porque as pessoas tendem a conservar mais o que elas já têm. Por isso, serviços como costura, carpintaria e assistência técnica, em geral, são mais requisitados nesse momento.

5) Móveis montáveis

Comprar um móvel para a casa já implica um grande custo, em especial épocas de crise. Por isso, quem realmente precisa gastar com esses itens irá procurar uma maneira de poupar em gastos adicionais.

Nessas horas, oferecer móveis montáveis surge como uma alternativa, já que não há o valor de montagem incluído. A pioneira no serviço é a loja sueca Ikea, mas alguns empreendedores estão criando negócios inovadores com a mesma possibilidade, como os blocos de Lego da vida real.

6) Treinamento em vendas e relacionamento com cliente

Todo negócio procura vender mais durante a recessão. Nessa empreitada, alguns percebem que talvez precisam aprender a arte da negociação comercial. Na crise, o conhecimento de vendas está sendo muito demandado. Quem tem esse conhecimento e consegue compartilhá-lo pode montar um negócio sobre ensinar a vender.

Mas não se trata somente de vender mais, e sim vender melhor. Por isso, um empreendedor que ensine não só a vender, mas também a fazer o pós-venda, encontra boas oportunidades. É algo de que muita gente fala, mas existem poucos que conseguem ensinar o relacionamento com o cliente de uma forma direta e assertiva, com ações práticas.

7) Divulgação e conteúdo para pequenas e médias empresas

Um ponto de deficiência em muitos empreendimentos iniciais é a falta de uma divulgação eficiente. Por isso, eu costumo dizer que, empreendedores com experiência em comunicação podem encontrar um mercado ainda pouco desenvolvido: o de assessoria especializada no setor das PMEs. O trabalho de marketing se relaciona com o da produção de conteúdo, algo muito requisitado pelos consumidores de um negócio. Não se trata apenas de realizar anúncios publicitários de um produto de beleza, por exemplo, mas também gerar informação que ajude o cliente no seu dia a dia, como os benefícios de cuidar da estética. Não há muitas pessoas ou negócios que consigam gerar um conteúdo relevante e que, ao mesmo tempo, agrade as pessoas.

8) Negociação digital entre varejo, empreendedor e consumidor

Muitas pessoas têm algo que gostariam de vender: roupas usadas, livros já lidos, artesanato ou docinhos. Mas montar um comércio eletrônico próprio é uma tarefa árdua, que gera sucesso para poucos. Por isso, montar o chamado marketplace, que conecta os empreendedores aos consumidores finais, pode se tornar uma boa ideia de negócio. Tem muita gente com produto, mas que precisa de um canal de vendas, e é isso que falta para o negócio deslanchar.

Outra opção seria a de conectar empreendedores virtuais não aos seus clientes, mas aos gigantes do setor. A ideia do negócio seria oferecer uma proposta à varejista para comprar produtos dos pequenos empreendedores: vale oferecer um desconto se a gigante comprar em grande quantidade. No momento de crise, se as pessoas tiverem uma oportunidade de comprar com menor custo, elas deixam de frear as compras para apenas desacelerá-las.

9) Redução de custo em logística

Logística é um assunto complicado e que gera gastos enormes, especialmente para os empreendimentos brasileiros. Ter um negócio que proponha a redução de custos na área gera um grande atrativo, especialmente em distribuidoras e indústrias de grande porte. Eu recomendo oferecer como proposta a otimização dos fluxos logísticos internos do cliente, por meio de recursos tecnológicos e de novidades digitais. O empreendedor poderia tanto trabalhar para outras empresas quanto para serviços públicos.

10) Economia de energia

Na mesma linha de poupança de gastos empresariais, reduzir o custo da salgada conta de luz é uma grande preocupação dos negócios. O empreendedor inovador, que tem conhecimento de hardware e de serviços na nuvem, possui uma boa oportunidade de startup nas mãos. Soluções de economia de energia que possam ser acopladas a hospitais, condomínios, universidades e órgãos públicos têm um apelo tanto pela redução de custo, que é o foco da grande maioria dos empresários, quanto pela sustentabilidade.

11) Franqueamento

O setor de franquias cresceu 11,2% no primeiro semestre de 2017, em relação ao mesmo período do ano passado. Em comparação com um negócio próprio, o franqueamento costuma ser mais seguro, uma vez que o franqueador já possui o know-how sobre a área de atuação da franquia. O grande problema é que há um investimento inicial alto e, às vezes, é preciso buscar um sócio. Mas tem sido um bom negócio. Ter uma marca conhecida do público também pode ajudar em épocas de crise. A pessoa não se arrisca muito nessas horas, então é difícil construir um nome no mercado. A pessoa prefere pagar mais para não ter dor de cabeça no futuro. Já que o franqueamento é apenas um modelo, é possível ter uma franquia com as ideias de negócio apresentadas anteriormente, aumentando as chances de sucesso na recessão. Falarei mais sobre franquias no próximo capítulo.

PARTE 2

CAPÍTULO 9 Franquias

*"Feliz aquele que transfere o que sabe
e aprende o que ensina."*
Cora Coralina

Você deve saber que os Estados Unidos é o campeão mundial em abertura de novos negócios no modelo de franquias. Mas saiba que existem muitas diferenças entre os negócios de franquias nos Estados Unidos e aqui no Brasil.

A franchising teve o seu grande desenvolvimento nos EUA, hoje um mercado maduro que pode ser comprovado analisando-se o ranking das dez maiores franquias do mundo, no qual a maioria são empresas americanas.

Posição	Nome da franquia	País de origem
1	Subway	Estados Unidos
2	McDonald's	Estados Unidos
3	KFC	Estados Unidos
4	Burger King	Estados Unidos
5	7 Evelen	Estados Unidos
6	Hertz	Estados Unidos
7	Pizza Hut	Estados Unidos
8	ace Hardware Corporation	Estados Unidos
9	Wyndham Hotels and Resorts	Estados Unidos
10	Groupe Casino	França

Os EUA continuam sendo, de longe, o maior exportador mundial de franquias. Se compararmos o número de franqueadores de outros países que entram nos EUA, ainda temos um número pequeno em comparação com as centenas de novos conceitos de franquia criados naquele país.

Por estar entre os maiores mercados consumidores do mundo, nos EUA praticamente qualquer indústria pode utilizar o sistema de franquias para expansão de seus negócios.

Uma grande vantagem da franchising americana para potenciais franqueados é o fato de que se pode abrir o negócio com recursos de instituições financeiras, além de conseguir pagar o financiamento com o próprio resultado do negócio. No Brasil é muito diferente: as taxas de juros do financiamento inviabilizam o resultado das franquias.

Os pequenos e médios empreendedores brasileiros precisam de recursos próprios para abrir um negócio, muitas vezes oriundos de muitos anos de economias que são fruto do seu trabalho, ou com ajuda de amigos e familiares, ou até mesmo abrindo a operação com um ou mais sócios.

A velocidade com que os franqueadores americanos incorporam tecnologias em seus negócios é muito maior do que no Brasil, e isso é cultural. As empresas implantam seus projetos de expansão com franquias melhor estruturadas, em especial no quesito tecnologia e capacitação.

Também é um aspecto cultural o fato de que os franqueados americanos são mais suscetíveis a seguirem regras, o que para a franchising é muito bom. Com isso, a tendência é de existir menos conflitos além da manutenção do padrão do negócio – esse aspecto é o que mais sofre quando temos indisciplina na rede.

Já no aspecto da legislação aplicada à franchising, a americana tem características peculiares, lá cada estado tem sua legislação, o que gera a necessidade da empresa franqueadora adaptar seus contratos para cada novo estado que vai entrar – o que exige também uma gestão de contrato muito mais cuidadosa. Diferente do Brasil, em que temos uma única lei que torna a gestão dos contratos mais simples.

Apesar de termos nos inspirando na legislação e no franchising americano, podemos dizer que o Brasil tem uma situação mais confortável, pelo menos neste quesito.

Muitos empreendedores buscam o franqueamento como uma forma de tocar uma pequena empresa, já que a modalidade dá uma sensação maior de segurança do que abrir um negócio próprio.

Para quem quer ter uma franquia, e não tem muito capital disponível, as marcas com baixo investimento são as mais atrativas.

Antes de investir, o empreendedor deve pesquisar a fundo sobre o negócio, conversar com outros franqueados e fazer uma avaliação financeira.

Agora vou te apresentar uma sequência de ações que vão te guiar desde a ideia inicial até a inauguração da franquia que irão te ajudar sem deixar de fora a sua segurança como empreendedor e muito menos o sucesso do negócio.

1) O cadastro

Para começar, é preciso preencher uma ficha de cadastro, geralmente pela internet, para a marca avaliar o perfil do candidato. Ouvir muitas perguntas é um bom sinal — uma análise rigorosa reduz a chance de você não se adaptar à franquia.

2) O primeiro encontro

Se a marca aprovar o perfil do interessado, vai chamá-lo para uma reunião. O candidato recebe, então, a COF (Circular de Oferta de Franquia), que tem todas as informações relevantes sobre a empresa, e uma minuta do contrato.

O que ler na circular:
- Balanços do franqueador dos últimos dois exercícios
- Valores a serem pagos (como taxas de franquia, royalties e publicidade)
- Como é o treinamento e que suporte é oferecido
- Se há obrigação de comprar só de fornecedores aprovados pela rede

- Se existem pendências judiciais
- Nome e telefone de franqueados e dos ex-franqueados que se desligaram há até 12 meses

Pergunte ao franqueador:
- Qual é a estrutura para fornecer os produtos e o suporte necessários para meu negócio?
- A marca tem um manual de operação para tirar dúvidas?
- Quanto tempo dura o treinamento e o que é abordado?
- Esse negócio é afetado pela sazonalidade? Se for, o que fazer nos meses de pouco movimento?
- Quantas franquias a empresa pretende vender no ano e como vai crescer de modo sustentável?

3) Cliente por um dia

Como os contatos dos franqueados de uma rede são fornecidos na Circular de Oferta de Franquia, escolha algumas unidades para visitar. Vá como se fosse cliente e observe como é o atendimento e o que dizem os consumidores.

Dez dias é o prazo mínimo definido por lei para o candidato avaliar as informações da circular de oferta de franquia. Antes disso, ele não deve pagar nenhuma taxa ao franqueador.

4) Bate-papo com os franqueados

Converse com ao menos três franqueados para saber como é o dia a dia da operação e como o franqueador se relaciona com eles.

O que perguntar ao franqueado:
- Quanto capital de giro é realmente necessário?
- O suporte dado pela franqueadora é satisfatório?
- Os fornecedores são bons? Entregam no prazo?
- Qual é o faturamento da unidade?

5) O contrato

Não dá para fechar negócio sem avaliar minuciosamente a minuta do contrato para saber como será a relação com o franqueador. Em geral, suas cláusulas são padronizadas e há pouca margem para mudar. Mas dá para negociar pontos, como a multa por invasão de território ou então um desconto no investimento inicial ou na taxa de royalties por ser o primeiro franqueado a aderir à rede. A taxa de franquia deve ser paga ao franqueador no momento em que o contrato (ou pré-contrato) for assinado.

Após fechar o acordo, o franqueado recebe um cronograma com os próximos passos – se não for fornecido, peça ao franqueador. Nele estarão os prazos para abrir a empresa, reformar o ponto, contratar a equipe e implantar sistemas. O processo leva de 90 a 120 dias.

Leia com atenção:
- Suas responsabilidades com a marca
- Como é o fornecimento de produtos
- Ao sair da rede, por quanto tempo é proibido atuar no mesmo ramo?
- Como é feita a rescisão se o negócio não ser certo
- A possibilidade de vender a franquia

6) A escolha do ponto

Algumas redes ajudam o franqueado a encontrar o ponto; outras pedem para aprovar o local. Depois de achar um imóvel, em uma área de bom fluxo de pessoas, avalie se ele está em uma zona que permite que a empresa exerça suas atividades. Caso contrário, a empresa não conseguirá obter seu alvará de funcionamento na prefeitura.

7) A locação do imóvel

Para evitar problemas, o ideal é fazer um acordo com prazo determinado, de preferência de ao menos cinco anos, duração da maioria dos contratos de franquia. Lojas de rua geralmente precisam de reforma, então negocie com o proprietário alguns descontos no aluguel pelas melhorias permanentes que serão feitas. Antes de alugar um ponto em shopping center, cheque o valor das luvas — pagas no início da locação. Ele não costuma constar no investimento inicial estimado pela franqueadora.

Atenção! A renovação do contrato é prevista em lei para quem está em dia com as obrigações. Renove o acordo antes de o prazo terminar, para ter direito a essa continuidade. Insira uma cláusula de vigência; se o proprietário vender o imóvel, o novo dono será obrigado a respeitar o prazo definido no acordo de locação. Sem essa cláusula, ele poderá notifica o inquilino para sair em 90 dias.

8) A nova empresa

Assinado o contrato, chega a hora de abrir uma empresa. Isso deve ser feito antes da inauguração da unidade, para cumprir obrigações fiscais e trabalhistas.

9) A volta às aulas

O franqueado e a equipe passam pelo treinamento para aprender a conduzir os processos segundo os padrões da rede e, claro, tirar as últimas dúvidas antes da estreia. É importante ler o manual de operações antes para saber se seus pontos principais foram abordados na prática.

10) O dia da inauguração

Com tudo pronto, chega, enfim, o dia de abrir a loja. Entregue-se ao negócio – e, sempre que precisar, conte com o suporte dos donos de outras unidades e do franqueador. Quando a unidade começa a operar, o franqueado passa a pagar taxas mensais de royalties (pelo direito de uso da marca e do sistema) e de publicidade.

Quando a unidade começa a operar, o franqueado passa a pagar taxas mensais de royalties (pelo direito de uso da marca e do sistema) e de publicidade.

CAPÍTULO 10 Empreendedor, ser ou não ser?

> *"Os vencedores sempre fazem mais, muito mais que o suficiente"*
> *Stan Rapp e Tom Collins*

Você já descobriu que é um vencedor e estar perguntando, será que eu sigo carreira solo? Será que está na hora de aproveitar toda a experiencia que eu já possuo, somar a todo o dinheiro que eu já ganhei e simplesmente empreender?

Se você está disposto a seguir por essa direção, eu preparei algumas dicas valiosíssimas para você que quer ser o dono do próprio negócio.

Muitas empresas jovens, ao mesmo tempo, carecem de estratégias coerentes, forças competitivas, funcionários talentosos, controles adequados e de relatórios claros.

Toda empresa tem sua própria história para contar sobre o desenvolvimento de sistemas e estratégias.

As opções que são apropriadas para um empreendimento podem ser completamente inadequadas para outro. Os empreendedores devem fazer um número desconcertante de decisões, e eles devem tomar as decisões que são adequadas para eles.

Objetivos
Algumas coisas são essenciais, uma delas é ter e manter os objetivos claros, por exemplo: onde eu quero ir? Em qual segmento de mercado vou atuar?

Os objetivos pessoais e empresariais de um empreendedor estão inextricavelmente ligados. Considerando que o gerente de uma empresa pública tem uma responsabilidade fiduciária para maximizar o valor para os acionistas, os empreendedores desenvolvem seus negócios para cumprir metas pessoais e, se necessário, buscam investidores com objetivos semelhantes. Apenas quando os empresários podem dizer o que querem pessoalmente de seus negócios, faz sentido fazer as três perguntas seguintes:

Que tipo de empresa eu preciso construir?
Quais riscos e sacrifícios exigem tal empresa?
Posso aceitar esses riscos e sacrifícios?

Para estabelecer metas significativas, os empresários devem conciliar o que eles querem com o que eles estão dispostos a arriscar. A questão que os empresários devem se perguntar e que pode ser o mais difícil de responder porque requer um autoexame sincero: posso executar a estratégia?

Grandes idéias não garantem ótimos resultados. Existem diversos obstáculos no caminho, alguns até grandes demais.

A falta de funcionários talentosos é muitas vezes o primeiro obstáculo para a implementação bem-sucedida de uma estratégia. Durante a fase de startup, muitos empreendimentos não podem atrair funcionários de primeira linha, de modo que os fundadores executem a maioria das tarefas cruciais e recrutem apenas pessoas para cargos auxiliares ou técnicos para que possam ajudá-los. Após esse período inicial, os empresários podem e devem ser ambiciosos na busca de novos talentos, especialmente se eles querem que seus negócios cresçam rapidamente.

Empreendedores que esperam que eles possam transformar empregados subestimados e inexperientes em estrelas, eventualmente, chegaram à conclusão, que você não pode andar treinando o mesmo funcionário o tempo todo. Além disso, depois que um empreendimento estabelece mesmo um breve histórico, pode atrair um calibre muito maior de funcionários.

Ao determinar como atualizar a força de trabalho, os empresários devem abordar muitas questões complexas e sensíveis:

Devo recrutar indivíduos para posições específicas ou, como é comum no caso de organizações carentes de talentos, devo criar posições para candidatos promissores?

Os novos recrutas vão gerenciar ou substituir os funcionários existentes?

Quão extensas as substituições devem ser?
O processo de substituição deve ser gradual ou rápido?
Devo eu, com minha proximidade extremamente pessoal ao negócio, tomar decisões de rescisão eu mesmo ou devo trazer pessoas de fora para essa tarefa?

Um empreendimento jovem precisa de mais do que recursos internos. Os empresários também devem considerar seus clientes e fontes de capital. Startups geralmente começam com os clientes que podem atrair mais rapidamente, o que pode não ser os clientes que a empresa eventualmente precisa. Da mesma forma, os empresários que começam por bootstrapping, usando dinheiro de amigos e familiares ou empréstimos de bancos locais, muitas vezes devem encontrar fontes de capital mais ricas para construir negócios sustentáveis.

Para um novo empreendimento para sobreviver, alguns recursos que inicialmente são externos podem ter que se tornar internos. Muitas empresas em fase de startup operam no início como empresas virtuais porque os fundadores não podem se dar ao luxo de produzir internamente e contratar funcionários, e porque eles valorizam a flexibilidade. Mas a flexibilidade que vem de possuir poucos recursos é uma espada de dois gumes. Assim como uma empresa jovem é livre para parar de fazer pedidos, os fornecedores podem parar de preenchê-los. Além disso, uma empresa sem sinais de ativos para os clientes e potenciais investidores, fará com que o empresário corra o risco de não ser comprometido a longo prazo. Um negócio sem funcionários e ativos rígidos também pode ser difícil de vender, porque os potenciais compradores provavelmente se preocuparão com o fato de a empresa desaparecer quando o fundador partir. Para construir uma empresa durável, um empreendedor pode ter que considerar a integração vertical ou a substituição de subcontratados por empregados em tempo integral.

Hard e Soft
Quão forte é a sua empresa?
Existe foco na estratégia?
As normas e culturas, foram escritas?

A capacidade de uma empresa para executar sua estratégia depende da sua infraestrutura "hard" - sua estrutura e sistemas organizacionais - e em sua infraestrutura "soft" - sua cultura e normas.

Crie normas.
Não existe a necessidade de escrever uma Bíblia inteira sobre as normas da sua empresa, basta que elas sejam claras, e que todos sejam capazes de cumprir sem exceção de cargo ou posição.

A cultura de uma empresa em evolução também tem uma profunda influência sobre o quão bem ela pode executar sua estratégia. A cultura determina as personalidades e os temperamentos da força de trabalho; é improvável que os lobos solitários desejem trabalhar em uma empresa consensual, enquanto os introvertidos tímidos podem evitar roupas chamativas. A cultura enche as lacunas que as regras escritas de uma organização não antecipam.

A cultura determina o grau em que os funcionários individuais e as unidades organizacionais competem e cooperam e como tratam os clientes. Mais do que qualquer outro fator, a cultura determina se uma organização pode lidar com crises e descontinuidades de crescimento.

A taxa de crescimento de uma empresa fornece uma pista importante para saber se o empresário investiu muito ou muito pouco na estrutura e nos sistemas da empresa. Se o desempenho for lento - se, por exemplo, o crescimento está atrasado em relação às expectativas e os novos produtos são excessivos - as regras excessivas e os controles podem estar sufocando os funcionários. Se, ao contrário, o negócio está crescendo rapidamente e ganhando participação, os mecanismos e controles inadequados de relatórios são uma preocupação mais provável.

Quando um novo empreendimento está crescendo a um ritmo acelerado, os empresários devem simultaneamente dar aos funcionários novos uma responsabilidade considerável e monitorar suas finanças muito de perto.

Ao contrário das estruturas e sistemas organizacionais, que os empresários costumam copiar de outras empresas, a cultura deve ser construída de forma personalizada. Como muitos fabricantes de software encontraram, por exemplo, uma organização descontraída não pode competir bem contra a Microsoft. A reputação de uma operação de negociação inicial pode prejudicar os clientes conservadores que o empreendimento quer atrair. Uma cultura que se adapta à estratégia de uma empresa, no entanto, pode levar a um desempenho espetacular.

Quando eu fundei a minha primeira empresa de tecnologia, eu havia criado a cultura de oferecer um serviço de atendimento que fosse 100% melhor e mais eficiente do que o meu concorrente.

Eu costumava dizer que:

"A minha empesa seria apenas outra empresa de BPO eficientemente gerenciada se não tivesse uma cultura corporativa obcecada por satisfazer as necessidades dos clientes e manter uma meritocracia. Os meus funcionários eram motivados pela cultura de oferecer um serviço de atendimento incomparável ".

Quando os empreendedores negligenciam a articulação das normas organizacionais e, em vez disso, contratam funcionários principalmente por suas habilidades e credenciais técnicas, suas organizações desenvolvem uma cultura por acaso e não por design. As personalidades e valores da primeira onda de funcionários moldam uma cultura que pode não servir aos objetivos e as estratégias dos fundadores. Uma vez que uma cultura é estabelecida, é difícil mudá-la.

Quando os empresários não param de pensar sobre a cultura, suas empresas desenvolvem uma por acaso, e não por design.

Posso desempenhar o meu papel?

Os empreendedores que aspiram a operar pequenas empresas em que desempenham todas as tarefas cruciais nunca precisam mudar seus papéis. Em empresas de serviços pessoais, por exemplo, os sócios fundadores geralmente realizam o trabalho do cliente desde o momento em que iniciam a empresa até se aposentarem. Transformar uma empresa incipiente em uma entidade capaz de uma existência independente, no entanto, exige que os fundadores assumam novos papéis.

Os fundadores não podem construir organizações autossustentáveis simplesmente "deixando ir". Antes de os empresários terem a opção de fazer menos, eles devem fazer muito mais. Se o modelo de negócios não é sustentável, eles devem criar um novo. Para garantir os recursos exigidos por uma estratégia ambiciosa, eles devem gerenciar as percepções dos provedores de recursos: potenciais clientes, funcionários e investidores. Para construir uma empresa que possa funcionar sem eles, os empresários devem projetar a estrutura e os sistemas da organização e moldar sua cultura e seu caráter.

Enquanto eles estão esboçando uma visão expansiva do futuro, os empresários também precisam gerenciar como se a empresa estivesse prestes a iniciar suas atividades, mantendo um controle firme das despesas e monitorando o desempenho. Eles têm que inspirar e treinar funcionários ao lidar com o desagrado de dispensar aqueles que não poderão crescer com a empresa. Bill Nussey, cofundador da fabricante de software Da Vinci Systems Corporation, lembra que a demissão de empregados que "lutaram e choraram e se sacrificaram com a empresa" foi a coisa mais difícil que ele teve que fazer.

Poucos empreendedores de sucesso já vieram desempenhar um papel meramente visionário em suas organizações. Eles continuam profundamente envolvidos no que Abraham Zaleznik, professor de Liderança em Emérito da Konosuke Matsushita na Harvard Business School, chama o "trabalho real" de suas empresas. Marvin Bower, parceiro fundador da McKinsey & Company, continuou a negociar e direcionar estudos para clientes, enquanto liderava a empresa através de uma expansão considerável de seu tamanho e alcance geográfico. Bill Gates, multibilionário, cofundador e CEO da empresa de software Microsoft, ainda assim, analisava o código que os programadores escreviam.

Mas os papéis dos fundadores devem mudar com o passar do tempo de vida da empresa. Gates já não escreve programas. Michael Roberts, um especialista em empreendedorismo, sugere que o papel de um empreendedor deve evoluir de fazer o trabalho, ensinar aos outros como fazê-lo, prescrever os resultados desejados e, eventualmente, gerenciar o contexto geral em que o trabalho é feito. Um empresário fala de mudar de artilheiro para treinador. Seja qual for a metáfora, a ideia é que os líderes busquem um impacto crescente do que fazem. Eles conseguem isso, por exemplo, concentrando-se mais na formulação de estratégias de marketing do que na venda; negociando e revisando orçamentos em vez de supervisionar diretamente o trabalho; projetar planos de incentivo em vez de estabelecer a remuneração de funcionários individuais; negociando aquisições de empresas em vez do custo de material de escritório; E desenvolver um propósito comum e normas organizacionais em vez de mover um produto para fora da porta.

Ao avaliar seus papéis pessoais, os empresários devem se perguntar se eles continuamente experimentam novos trabalhos e responsabilidades. Os fundadores que simplesmente passam mais horas realizando as mesmas tarefas e fazendo as mesmas decisões que o negócio cresce acabam dificultando o crescimento. Eles deveriam se perguntar se adquiriram novas habilidades recentemente. Um empresário que é engenheiro, por exemplo, pode dominar a análise financeira. Se os fundadores não podem apontar para novas habilidades, eles provavelmente estão em uma rotina e seus papéis não estão evoluindo.

Os empresários devem se perguntar se eles realmente querem mudar e aprender. As pessoas que gostam de assumir novos desafios e adquirir novas habilidades. Você deverá ser capaz de levar um empreendimento desde o estágio inicial ao domínio do mercado. Mas algumas pessoas, são muito mais felizes em seguir em frente, tocar empresas que já estão iniciadas do que simplesmente ver esses empreendimentos saírem do chão. Os empreendedores têm uma responsabilidade para com eles e para com as pessoas que dependem deles para entender o que as cumpre e frustra pessoalmente.

Muitas empresas fantásticas brotam de origens modestas e improvisadas. William Hewlett e David Packard tentaram elaborar um indicador de falha para boliche e um sintonizador de harmônica antes de desenvolver seu primeiro produto de sucesso, um oscilador de áudio. O fundador da Wal-Mart Stores, Sam Walton, começou a comprar o que ele chamou de "Real Dog" de uma loja de variedades franqueada em Newport, Arkansas, porque sua esposa queria morar em uma pequena cidade. A resposta rápida e o teste e o erro foram mais importantes para essas empresas no estágio inicial do que a prospectiva e o planejamento. Mas a pura improvisação - ou a sorte - raramente produz sucesso a longo prazo. Hewlett-Packard ainda podia ser uma mancha obscura e desconhecida se seus fundadores não tivessem eventualmente tomado decisões conscientes sobre linhas de produtos, capacidades tecnológicas, políticas e normas organizacionais.

Empreendedores, com seu poderoso viés de ação, muitas vezes evitam pensar nas grandes questões de metas, estratégias e capacidades. Eles devem, mais cedo ou mais tarde, estruturar conscientemente essa investigação em suas empresas e suas vidas. O sucesso duradouro exige que os empresários continuem fazendo perguntas difíceis sobre onde eles querem ir e se a pista em que eles se encontram vai levá-las lá.

CAPÍTULO 11 Virei empreendedor

"Nos negócios não existem amigos, apenas clientes."
Alexandre Dumas

Agora que você já se decidiu realmente virar um empreendedor vou te apresentar 17 lições chaves para você que pretende iniciar um negócio.

Essas dicas você só encontrará aqui no meu livro, e eu vou te ajudar a sair das ciladas que um novo negócio poderá trazer para a sua vida.

Iniciar um novo negócio pode ser uma tarefa assustadora. Há inúmeras questões que um novo empreendedor encontrará: questões legais, financiamento, marketing, desenvolvimento de produtos, propriedade intelectual, recursos humanos - a lista é infinita. Muitos novos empresários estão simplesmente sobrecarregados com todas as coisas que eles precisam passar a saber para dominar a arte de empreender.

Tendo participado de centenas de startups como empresário, consultor de negócios, investidor de capital de risco, investidor de anjo e membro do Conselho, aprendi várias lições do mundo real. Por esse motivo eu compartilho 17 dos mais importantes conselhos realmente muito úteis que podem lhe oferecer uma visão mais clara e poderá facilmente garantir que você seja um sucesso em tudo o que fizer.

Você que já chegou no topo da sua carreira e gostaria de investir em um negócio próprio seguem as dicas:

1. Venha com um ótimo nome para o seu negócio.

Você provavelmente pode estar pensando, por que o nome do negócio está como a primeira dica?

Saiba que encontrar o nome certo para sua startup pode ter um impacto significativo no seu sucesso. O nome errado pode resultar em obstáculos legais e comerciais insuperáveis. Aqui estão algumas dicas rápidas para nomear sua startup:

- Evite nomes difíceis de soletrar.
- Não escolha um nome que possa ser limitado à medida que sua empresa cresce.
- Conduza uma pesquisa detalhada na Internet sobre um nome proposto.
- Obter um nome de domínio ".com.br" (e outro ".com" ou outra variante).
- Realize uma pesquisa completa de marca registrada.
- Certifique-se de que você e os funcionários ficarão felizes, dizendo o nome.
- Venha com cinco nomes que você gostou, então teste o mercado com os futuros funcionários, parceiros, investidores e potenciais clientes.

2. Compreender que aumentar o financiamento é difícil.

Aumentar o financiamento para sua startup provavelmente será mais difícil e mais demorado do que você pode imaginar. É preciso um grande esforço para convencer investidores ou capitalistas de risco a investirem em sua empresa. Então você precisa antecipar os atrasos de tempo envolvidos.

Não desperdice seu tempo tentando exigir que futuros anjos ou investidores de capital de risco assinem um Acordo de Não Divulgação (NDA) para que eles não roubem sua ideia. É contraproducente e irá diminuir a sua arrecadação de fundos. E muitos investidores se recusam de qualquer maneira. É difícil conseguir uma reunião com um investidor, então não coloque outro obstáculo no seu caminho.

3. Concentre-se em construir um ótimo produto.

Seu produto ou serviço deve ser pelo menos bom, se não ótimo, para começar. Tem que ser diferenciado de alguma maneira significativa e importante das ofertas de seus concorrentes. Todo o resto segue desse princípio. Não deixe de apresentar de alguma forma o seu produto para o mercado, já que os comentários dos clientes iniciais são uma das melhores maneiras de ajudar a melhorar.

4. Torne-se um forte vendedor.

Para que o seu negócio se torne bem-sucedido, você deverá se tornar um grande vendedor. Você terá que "vender" o seu negócio não só para clientes, mas também para potenciais investidores e até para potenciais funcionários.

Você deve praticar. Você deve refinar seu tom. Você deve receber comentários. Você deve ser extrovertido. Você precisa mostrar confiança. Você deve ser positivo. Você deve ser confiável. Você deve acompanhar. Você deve realizar vendas. Você deve saber ouvir.

5. Crie um ótimo site para sua empresa.

Você deve dedicar tempo e esforço para construir um ótimo site da empresa. Os potenciais investidores, clientes e parceiros irão verificar seu site e você quer impressioná-los com um produto profissional. Aqui estão algumas dicas para construir um ótimo site da empresa:

- Confira sites concorrentes.

- Comece por esboçar um modelo para seu site.

- Venha com cinco ou seis sites que você poderá usar para indicar ao seu desenvolvedor Web para que ele saiba o estilo que você gosta.

- Certifique-se de que o site seja otimizado para o mecanismo de busca (e, portanto, é mais provável que apareça no topo nos resultados da pesquisa).

- Tenha conteúdo de alta qualidade.

- Certifique-se de que seu site esteja otimizado para dispositivos móveis.

- Certifique-se de que o seu site carregue rapidamente.

- Crie uma experiência de usuário otimizada.

- Mantenha-o limpo e simples; A desordem irá afastar os visitantes.

- Certifique-se de ter um Acordo de Termos de Uso e Política de Privacidade.

- Faça com que as barras de navegação sejam proeminentes.

- Obtenha e use um nome de domínio memorável ".com.br" ou .com.

6. Aperfeiçoe seu *Elevator Pitch*.

Um "Elevator Pitch" destina-se a ser uma introdução concisa e convincente para o seu negócio. Você pode modificar seu Elevator Pitch, dependendo se você está lançando para potenciais investidores, clientes, funcionários ou parceiros. Aqui estão algumas dicas para chegar a um grande Elevator Pitch:

- Comece mostrando que você tem força para tocar esse novo negócio.

- Seja positivo e entusiasmado em sua entrega.

- Lembre-se de que a prática é perfeita.

- Evite usar o jargão da indústria.

- Informe por que sua empresa é única.

- Posicione se existe algum problema existente e diga que você está resolvendo.

7. Pregue o seu sumário executivo e *Pitch Deck*.

Um resumo executivo tipicamente é um resumo de 3 a 4 páginas de alto nível de sua empresa que pode ser apresentado a potenciais investidores. Um pitch deck é uma apresentação em PowerPoint de 15-20 páginas que apresenta mais visualmente o negócio para potenciais investidores. Você absolutamente tem que unir ambos os documentos. Você deve articular claramente:

- Sua missão

- O problema que você está tentando resolver

- A experiência e a paixão da equipe de gerenciamento

- O produto e seus principais recursos diferenciadores

- A grande oportunidade de mercado que você vê

- Sua tecnologia ou vantagem de inovação proprietária
- A sua competitividade frente as deficiências dos concorrentes

- Projeções mostrando possíveis vantagens no negócio

8. Compreender as Demonstrações Financeiras e os Orçamentos.

Você deve manter o topo de suas despesas e aprender a compreender detalhadamente as demonstrações financeiras e orçamentação. Muitas startups falharam porque o empresário não conseguiu ajustar os gastos para evitar a falta de dinheiro. Estabelecer um orçamento detalhado, mensal, é importante, e este orçamento deve ser regularmente revisto.

Compreender suas demonstrações financeiras também irá ajudá-lo a responder perguntas de potenciais investidores. Aqui estão algumas questões de declaração financeira que você pode esperar para obter de investidores:

- Quais são as projeções para os três primeiros anos da empresa?
- Qual é a estrutura de capitalização?
- O financiamento futuro de capital ou de dívida será necessário?
- Quanto de um pool de opções de estoque de ações está sendo reservado para funcionários?
- Quando a empresa conseguirá rentabilidade?
- Quanta queima ocorrerá até que a empresa chegue à lucratividade?
- Qual é a economia da sua unidade?
- Quais são os fatores que limitam o crescimento mais rápido?
- Quais são as métricas-chave nas quais a equipe de gerenciamento se concentra?

9. Mantenha seus investidores constantemente informados com boas e más notícias.

É uma boa prática manter seus investidores atualizados mensalmente por e-mail. As atualizações não precisam ser incrivelmente detalhadas, mas aqui estão alguns itens gerais que você deverá considerar, incluindo suas atualizações:

- Resumo do progresso da empresa
- Resumo do desenvolvimento do produto

- Equipe e atualização de recrutamento
- Principais métricas às quais você está prestando informações
- Financeiros, incluindo taxa de queima mensal e posição de caixa atual
- Problemas estratégicos que você enfrenta (e solicite conselhos)
- Solicite ajuda por meio da introdução aos potenciais investidores, parceiros e clientes (você deseja aproveitar suas redes).

Você quer manter excelentes relacionamentos e conexões com seus investidores. E você não quer que eles se surpreendam quando você precisa voltar para eles para um pedido de financiamento adicional.

10. Obtenha de todos os funcionários e consultores a assinatura de um Contrato de Atribuição de Confidencialidade e Invenção.

Para garantir que os funcionários e os consultores mantenham confidenciais as informações confidenciais da empresa, a empresa normalmente deve exigir que assinem um Contrato de Atribuição de Confidencialidade e Invenção. Este formulário aborda os problemas de confidencialidade, mas também prevê que as idéias, o produto de trabalho e as invenções criadas pelo empregado ou pelo consultor relacionadas com o negócio da empresa pertençam à empresa e não ao empregado ou ao consultor.

Os capitalistas de risco e outros investidores em startups esperam ver que funcionários e consultores assinaram tais acordos. Em uma operação de fusões e aquisições onde a empresa é vendida, a equipe de due diligence da adquirente também estará à procura desses acordos.

11. O Mercado e o seu negócio.

Para ter sucesso nos negócios, você precisa continuar atraindo, construindo e até mesmo educando seu mercado-alvo. Certifique-se de que sua estratégia de marketing incluem o seguinte:

- Saiba os fundamentos do *SEO* (otimização de mecanismos de pesquisa) para que as pessoas que buscam seus produtos e serviços possam encontrar você próximo ao do topo dos resultados de pesquisa.

- Use mídias sociais para promover seu negócio (LinkedIn, Facebook, Twitter, Pinterest, etc.).
- Participe no marketing de conteúdo escrevendo artigos convidados para sites relevantes.
- Emita comunicados de imprensa para eventos significativos.

12. Use Consultores e Freelancers para incrementar sua Equipe.

Nos estágios iniciais da sua startup, você provavelmente quer ter uma pequena equipe de funcionários para minimizar as despesas. Uma boa maneira de preencher alguns cargos especializadas é usar freelancers ou consultores. Dessa forma, você evita assumir os custos dos funcionários e os pagamentos de benefícios. E há uma variedade de sites que podem ajudá-lo a encontrar trabalhadores freelancers, como Freelancer.com, Guru.com e Upwork.com.

13. Faça o negócio claro com co-fundadores.

Se você começar sua empresa com cofundadores, você deve acordar antes sobre os detalhes de sua relação comercial. Deixar de fazer isso pode causar problemas enormes na estrada (por exemplo, veja o litígio Zuckerberg / Winklevoss Facebook). De certa forma, pense no acordo do fundador como uma forma de "acordo pré-nupcial". Aqui estão os termos do acordo-chave que o acordo de fundador escrito precisa abordar:

- Quem obtém qual a porcentagem da empresa?

- A percentagem de propriedade está sujeita à aquisição de direitos com base na participação contínua no negócio?

- Quais são os papéis e responsabilidades dos fundadores?

- Se um fundador sair, a empresa ou o outro fundador tem o direito de comprar as ações desse fundador? A que preço?

- Quanto tempo o compromisso com o negócio é esperado de cada fundador?

- Quais salários (se houver) os fundadores têm direito? Como isso pode ser alterado?

- Como são tomadas as decisões-chave e as decisões do dia-a-dia da empresa? (Votação maioritária, voto unânime ou certas decisões apenas nas mãos do CEO?)

- Em que circunstâncias um fundador pode ser removido como empregado da empresa? (Geralmente, esta seria uma decisão do Conselho)

- Quais recursos ou dinheiro para o negócio, cada fundador contribui como precisar ou só se for um sócio investidor?

- Como será decidida a venda do negócio?

- O que acontece se um dos fundadores não está de acordo com as expectativas do acordo fundador? Como será resolvido?

- Qual é o objetivo geral e visão para o negócio?

14. Contrate um Advogado Empresarial.

Em um esforço equivocado para economizar despesas, as empresas iniciantes geralmente contratam conselheiros legais inexperientes. Em vez de gastar o dinheiro necessário para contratar advogados competentes, os fundadores contratam advogados que são amigos, parentes ou outros que oferecem grandes descontos. Ao fazê-lo, os fundadores negam-se o conselho de advogados experientes que poderiam potencialmente ajudá-los a evitar muitos problemas legais sérios. Os fundadores devem considerar entrevistar vários advogados ou escritórios de advocacia e determinar se os advogados ou os escritórios de advocacia têm experiência em algumas, se não todas, das seguintes áreas legais:

- Direito corporativo, comercial e de valores mobiliários
- Lei de contrato
- Lei trabalhista
- Leis de propriedade intelectual
- Leis tributárias
- Legislação de franquia
- Capital de risco e financiamentos de anjo

Não é necessário que o advogado ou escritório de advocacia tenha experiência em todas essas áreas, porque certos problemas podem ser "cultivados" para diferentes advogados ou empresas especializadas. Mas muitas vezes é melhor você contar com uma empresa que pode realmente lidar com algumas, se não muitas, das áreas de especialização listadas acima, de modo a proporcionar continuidade entre você e seus advogados.

15. Fique atento para as questões fiscais importantes.

Ao iniciar um negócio, existem algumas questões fiscais importantes a serem consideradas, minha recomendação que que você encontre um bom contabilista ou advogado fiscal familiarizado com essas questões, eles podem ser um parceiro valioso.

16. Faça essas coisas antes de contratar um empregado.

Antes de contratar um funcionário, faça o seguinte:

- Certifique-se de que o funcionário tenha experiência relevante para o trabalho.
- Peça a várias pessoas dentro da empresa uma entrevista para garantir que haverá um ajuste cultural.
- Certifique-se de verificar referências e credenciais acadêmicas.
- Certifique-se de que o funcionário assinou o termo de confidencialidade e o Contrato de Atribuição de Invenções.

17. Espere grandes desafios e esteja preparado para eles.

Os maiores desafios para iniciar e desenvolver um negócio incluem:

- Um ótimo produto ou serviço
- Tendo um forte plano e visão para o negócio
- Não tendo capital suficiente e fluxo de caixa
- Encontrando excelentes funcionários
- Descartar funcionários ruins rapidamente de uma forma que não resulte em responsabilidade legal
- Trabalhando mais do que esperava
- Não se desencorajar pelas rejeições dos clientes
- Gerenciando seu tempo de forma eficiente
- Manter um equilíbrio razoável no trabalho / vida
- Saber quando mudar sua estratégia

- Manter a resistência para continuar, mesmo quando é difícil.

8 ETAPAS PARA RETORNAR UMA PEQUENA FALHA DE NEGÓCIO

As falhas acontecem o tempo todo nos negócios. Talvez você tenha investido muito tempo e dinheiro na criação de um novo produto ao qual ninguém respondeu bem. Ou você pode ter ficado sem dinheiro antes da hora de pagar suas contas.

Retrocessos nem sempre significam que é hora de fechar a loja ou pedir a falência de uma pequena empresa. Em vez disso, um fracasso empresarial pode fornecer uma oportunidade valiosa para aprender com seus erros e se recuperar melhor do que nunca.

Como empresário há mais de 20 anos, enfrentei muitos contratempos. Na verdade, uma de minhas startups enfrentava vendas estagnadas, e isso só piorou durante os períodos de recessão. Depois de meses perdendo dinheiro, percebi que era a hora de "fazer ou morrer". Felizmente, conseguimos colocar minha startup de volta nos trilhos depois de fazer algumas mudanças sérias.

Se você está enfrentando um fracasso comercial, uma das coisas mais importantes que posso lhe dizer é que não perca as esperanças. Aqui estão oito etapas para contornar o fracasso de uma pequena empresa.

1. Acorde!

Reconhecer que seu negócio está falhando de alguma forma nem sempre é fácil. Você pode estar entorpecido com o que está acontecendo, mesmo que os sinais o encarem. Antes de acordar, você pode até continuar distribuindo grandes somas de dinheiro para despesas diferentes, mas isso só vai cavá-lo cada vez mais fundo no buraco.

Não se torne insensível aos fracassos e os aceite como as coisas são, ou você pode estar a caminho de perder seu negócio. Acordar é o primeiro passo para reverter o fracasso de uma pequena empresa.

Você precisa aceitar o que está acontecendo para que possa fazer mudanças essenciais em sua empresa.

2. Avalie a situação

Depois de perceber que há algo errado com a forma como sua empresa está operando, você precisa chegar lá e descobrir qual é o problema. Só porque você pode não saber como consertar algo, não significa que você não saberá o que está errado.

Por exemplo, você pode ter uma margem de lucro negativa ou suas vendas podem estar caindo. Seja qual for o problema, avalie a situação com calma. Você não precisa saber como consertar imediatamente. Faça sua pesquisa e tome notas.

Quando minha startup atingiu um obstáculo, tomei nota de tudo o que vi e ouvi no negócio. Eu ouvia as conversas dos meus vendedores com os clientes e o que os gerentes estavam fazendo. Meus funcionários não ficavam muito felizes por eu estar sempre lá, mas me ajudou a avaliar o que havia de errado com as operações da minha startup.

3. Elimine as ineficiências

Depois de saber qual é o revés em seu negócio, você pode propor um plano de ação para revertê-lo. Para mim, avaliar a situação me levou a descobrir que havia muitos processos que retardavam as operações de negócios.

Como proprietário de uma pequena empresa, você pode não ter centenas de funcionários trabalhando para você, e seus funcionários provavelmente têm uma mistura de responsabilidades, e perder tempo não é uma opção. Portanto, quando os funcionários dedicam muito tempo a tarefas servis que podem ser automatizadas, o seu negócio fica mais lento.

Uma maneira de eliminar as ineficiências é com a ajuda de um software. Por exemplo, o software de contabilidade e folha de pagamento pode liberar seu tempo para que você possa se concentrar em seus negócios, em vez de gerenciar seus livros e administrar a folha de pagamento manualmente.

4. Espere o inesperado

Os contratempos estão fadados a acontecer quando você dirige um negócio. É tudo parte da ... diversão? Bem, é tudo parte da alegria de ser um empresário, pelo menos. Esperar o inesperado aplica-se a ambos antes de você ter qualquer contratempo e quando você tiver um. Reserve dinheiro em caso de emergência e, se estiver enfrentando o fracasso de uma pequena empresa, prepare-se para o pior.

Quando minha startup estava passando por dificuldades, a recessão a atingiu como um trem de carga. Eu deveria ter planejado que o pior acontecesse, mas não o fiz, e fui pego de surpresa. Você não pode controlar a economia, as estações do ano ou os padrões de compra de seus clientes. O que você pode fazer é planejar os piores cenários.

Desde o ano passado (2020), por conta da pandemia ocasionada pela COVID-19 estamos vivenciando uma avalanche e problemas que vem engolindo economias e consequentemente eliminando empregos, vários empresários que não fizeram nenhum tipo de reserva, foram obrigados a baixar suas portas encerrando suas atividades.

5. Livre-se de gastos excessivos

Muitas empresas têm despesas extras que não se transformam diretamente em lucros. Ou talvez você esteja oferecendo muitos produtos ou serviços que simplesmente não estão vendendo. Corte tudo até o osso para se livrar de despesas desnecessárias e simplificar processos. Livre-se de suas ofertas menos populares.

Você também pode procurar novos fornecedores para ver se eles podem oferecer preços melhores ou comprar no atacado, o que permite que você compre produtos a granel a preços reduzidos.

6. Não desista

Quando você estiver enfrentando um grande contratempo e sentir que seu negócio está à beira do colapso total, lembre-se de que o negócio sempre pode se recuperar. Não perca a esperança e desenvolva uma atitude derrotada, ou seu negócio pode continuar em espiral. E certifique-se de que seus funcionários não percam a esperança - atitudes negativas podem afastar os clientes. Para permanecer forte, pense nos obstáculos que você pode ter superado.

7. Seja fácil para os clientes encontrarem

Depois de algum tempo, você vai querer se concentrar no crescimento de seu negócio, em vez de mantê-lo à tona. Uma maneira de crescer é fazer com que mais clientes comprem de você. Para atrair novos clientes, você precisa facilitar a localização de sua empresa, oferecer preços competitivos e melhorar a experiência de compra do cliente.

E você não precisa gastar muito dinheiro para anunciar suas ofertas. Existem muitas estratégias de marketing de baixo custo disponíveis, como tirar proveito das mídias sociais, postar novo conteúdo em seu blog de negócios e usar o marketing por email.

8. Ouça seus funcionários

Não se esqueça de que seus funcionários são ativos de negócios incríveis. Eles podem oferecer ideias inovadoras e novas estratégias para preparar o seu negócio para o futuro. Os funcionários podem dizer o que os clientes realmente precisam e desejam e, quando você mostra que valoriza as opiniões deles, isso os incentiva a se manterem motivados e engajados com o seu negócio.

5 RAZÕES PELAS QUAIS AS PEQUENAS EMPRESAS FALHAM - E COMO EVITAR ESSAS ARMADILHAS FATAIS

Qual é o seu maior medo? Falar em público? Aranhas? Fracasso?

Eu apostaria que o fracasso está bem no topo da lista. Especialmente se você for proprietário de uma pequena empresa.

Como você sabe, é ótimo poder administrar seu próprio negócio. Mas há responsabilidades que acompanham a liberdade. Se você estragar tudo, por muito tempo, seu negócio irá à falência. Você vai falhar.

Felizmente, isso não precisa ser tão assustador quanto parece. Embora a maioria das pequenas empresas falhe, a sua não precisa estar entre elas. Ainda mais felizmente, as coisas que causam o colapso de pequenas empresas são estranhamente consistentes. Há um pacote surpreendentemente pequeno de causas que tendem a afetá-los.

Esta é uma boa notícia para você. Porque se você sabe quais são essas causas e como lidar com elas, então você acabou de eliminar a maioria das coisas que poderiam prejudicar seu negócio. Isso torna o caminho para o sucesso muito mais claro.

Então você provavelmente quer saber quais são essas causas, certo? Excelente. Continue lendo.

1. Os proprietários não verificaram o mercado

Você já teve um plano lindo no papel, apenas para fracassar no mundo real? É disso que estou falando aqui.

Observe que eu escrevi "verifique" seu mercado também. Não se limite a confirmar que existe. Você precisa verificar se essas pessoas estão interessadas no que você deseja vender.

Em um estudo com 101 startups que fracassaram, a CBInsights descobriu que "Não há necessidade de mercado" foi o principal motivo do fracasso das empresas. Então, como você evita isso?

Comece pequeno e depois dimensione. Experimente um food truck ou em uma feira de artesanato. Experimente uma loja pop-up. Experimente um evento único em uma empresa existente ou alguns eventos em diferentes partes da cidade. Faça o que fizer, não dependa apenas da pesquisa baseada em texto. Não confie no que as pessoas dizem que farão. Confirme se eles entregarão REAIS pelos seus produtos ou serviços.

Você já está arriscando o suficiente para começar isso - certifique-se de saber que há demanda para o que você deseja vender ou fazer.

2. Eles não entendiam todo o escopo do que o funcionamento de uma empresa exige

Pare-me se você já ouviu esta história: um funcionário famoso se cansa de seu empregador. Ele sai e abre sua própria loja, então quase se afoga nas porcas e parafusos de administrar seu negócio. Ele quase nunca tem tempo para fazer as coisas em que se destacava em seu antigo emprego.

Isso acontece muito, mas é um problema administrável.

Para resolver o problema, você precisará demonstrar as duas habilidades que são críticas para proprietários de pequenas empresas: a capacidade de aprender e a capacidade de se adaptar. E aqui está porque eles são tão essenciais. Qualquer pessoa com inteligência razoável pode aprender os fundamentos da administração de uma empresa. Se eles não gostam de certas partes da gestão de seus negócios, ou simplesmente não são bons nisso, podem contratar outra pessoa para fazer esse trabalho.

Veja o marketing, por exemplo. A maioria dos proprietários de pequenas empresas não está entusiasmado com isso, mas apenas 14% deles terceirizam seu marketing, relações públicas e publicidade. Essa é uma oportunidade perdida, tanto como forma de obter mais negócios, quanto como forma de o pequeno empresário economizar tempo.

3. Eles não entendiam o negócio que estavam entrando

Este parece particularmente perigoso para novos proprietários de restaurante. Como pode ser difícil administrar um restaurante, certo? Você já é um cozinheiro incrível - você só precisa de um ótimo local, alguns funcionários e dinheiro suficiente para equipar o lugar e ficar aberto por alguns meses até atingir os custos operacionais. Direita?

Hum, não. Lembre-se: você não está apenas administrando o restaurante. Você é o proprietário. Você é responsável por todo o financiamento, as questões legais, as questões de pessoal, as licenças e a origem dos alimentos. . . e todos os outros problemas que surgirão de qualquer um desses sistemas.

Uma área particular de dificuldade que as pessoas não esperam? Funcionários. Observe como "Not the Right Team" ficou em terceiro lugar no estudo CBInsights sobre por que as startups falham? Encontrar a equipe certa é difícil. No WASP Barcode Technologies '2017" Relatório do Estado das Pequenas Empresas ", descobrimos que a contratação de funcionários é um dos maiores desafios nas pequenas empresas.

Então, como evitar isso? Obtenha alguma experiência. Você precisa de experiência no setor em que sua empresa está inserida e experiência em como será administrar sua empresa, incluindo o gerenciamento de funcionários.

4. Recessões, incêndios, ações judiciais, eventos médicos e outros desastres imprevistos

Ficar à tona quando as coisas estão indo bem para o seu negócio não é o suficiente. Sua empresa precisa ser à prova de desastres. Então, como torná-lo à prova de desastres?

Tenha seguro suficiente. Bom seguro. Seguro confiável. Talvez até uma política de contingência (com uma boa reserva financeira).

Tenha pessoal suficiente para cobrir quando as pessoas ficarem doentes.

Tenha dinheiro suficiente para sobreviver por pelo menos seis meses se sua receita for reduzida.

Treine seus funcionários bem o suficiente para que, se você tivesse um evento médico e não pudesse fazer nada pela sua empresa por dois ou três meses, eles pudessem assumir.

Essas são apenas algumas maneiras de evitar um problema. Realisticamente, você também deve estar pronto para que duas coisas ruins aconteçam ao mesmo tempo. Se você estiver no mercado por tempo suficiente, isso vai acontecer. Não é um "se" - é um "quando".

5. Financiamento insuficiente

Infelizmente, a maioria de nós meros mortais não tem acesso aos investimentos do Vale do Silício ou às riquezas de Wall Street. Pode ser difícil conseguir um empréstimo. . . especialmente quando sua empresa está em condições de precisar de um empréstimo.

Eu não recomendo financiar por meio de cartões de crédito. E não faça essa loucura mesmo quando um empréstimo for negado. Conforme mencionado anteriormente, pode ser mais difícil obtê-lo quando você mais precisa.

No entanto, alguns conselhos:

Mantenha sua sobrecarga o mais baixa possível. Torne-o modular, se possível, para que você possa cortar algumas despesas grandes e ainda operar - (como a versão comercial de entrar em hibernação).

Nunca pense que você tem dinheiro. Em outras palavras, seja econômico. Muito econômico - mesmo quando há dinheiro no banco.
Fique de olho em novas formas de monetizar seu negócio. Se você permanecer no mercado por mais de uma década, é provável que precise girar pelo menos uma vez durante esse período. O mundo está mudando rapidamente.

Portanto, flexione com isso. Não seja como a velha empresa de calculadoras portáteis que se recusava a investir em computadores. Sempre há oportunidades, mesmo em depressões totais. Precisamos apenas de olhos para vê-los.

Então esses são os boogeymen das pequenas empresas. Mas não vamos ser só desgraça e tristeza.

Por que as empresas têm sucesso?

Isso é o que Bill Gross, o fundador da Idealab, achava que sabia. Até que ele olhou para os dados - seus próprios dados. E ele aprendeu que não era necessariamente ter uma ótima ideia que fazia um negócio funcionar. Não estava tendo financiamento suficiente. Ou ter uma equipe incrível. Foi ... o tempo.

Portanto, há uma pergunta a se fazer, antes de tomar o empréstimo, contratar alguém ou largar seu trabalho diário. É o momento certo para o seu negócio? Esta é uma ideia cuja hora chegou?

Conclusão

Todos nós queremos evitar falhas, especialmente quando afetam outras pessoas; demitir funcionários é especialmente difícil. Mas as falhas de negócios acontecem. A maioria dos empresários de sucesso tem vários fracassos em seu currículo. Eles tiveram sucesso porque seguiram em frente. Eles aprenderam com seus erros, se adaptaram, saíram e tentaram novamente.

POR QUE TER UM ADVOGADO DO DIABO NA SUA EQUIPE É BOM PARA O SEU NEGÓCIO?

Existem quatro coisas que todo líder empresarial deve fazer para ajudar a aumentar seu sucesso. Os três primeiros envolvem entender o lado negativo dos pontos fortes da sua organização, estudar a história e permitir a imperfeição. Mas o quarto - ter um advogado do diabo em sua equipe - é provavelmente o mais importante.

Todos nós sabemos sobre pessoas "sim", mas você tem pessoas "não"? Esta é uma pessoa (ou grupo de pessoas) em quem você pode confiar para ajudá-lo a sair de sua própria cabeça e examinar claramente a situação de maneira objetiva. Essas são pessoas que não apenas lhe dirão onde podem estar os pontos fracos, mas também o ajudarão a vê-los ativamente por conta própria, sendo capaz de se comunicar claramente de uma forma que ressoe.

Este é o conselho que todo livro de liderança e coach de negócios do mundo dá:

Não contrate pessoas que vão lhe dizer o que você quer ouvir.
Contrate pessoas que sejam mais inteligentes do que você.
Crie uma equipe que vai resistir e bancar o advogado do diabo.

Ter um advogado do diabo em sua equipe não é fácil

É incrivelmente desafiador ter um advogado do diabo. Todos nós temos ego o suficiente que é difícil ouvir quando estamos errados ou alguém discorda de nós.

Quando você começa um negócio do zero, coloca todo o seu suor, lágrimas, coração e dinheiro nisso e tem toda a sua vida envolvida nisso, é muito difícil ouvir que seu bebê é feio.

E é exatamente isso que o advogado do diabo faz. Eles dizem que seu bebê é feio … e então ajudam você a descobrir como torná-lo bonito.

Você hesita entre se perguntar por que as coisas têm que mudar quando está funcionando muito bem o tempo todo e por que você não fez as alterações sugeridas (ou pensou nelas você mesmo) um zilhão de anos atrás.

Às vezes, um advogado do diabo quer fazer uma mudança pela mudança, e às vezes ele quer fazer a mudança porque é a coisa certa a fazer.

Como líder, você precisa descobrir a diferença e recuar ou colocar seu ego de lado e ouvir. Ouça realmente. E então aja.

5 passos para responder ao feedback de seu advogado do diabo:

Então, como você decifra entre a mudança pela mudança e a mudança que fará a diferença?

Primeiro, coloque seu ego de lado. Não é fácil. Mas você pode fazer isso, eu prometo.

Você pode chorar. Você pode ficar muito frustrado. Você pode ficar com raiva. Você pode ter que afogar suas mágoas em uma garrafa de vinho (não isso, você sabe, eu já fiz isso).

Em seguida, você colocará suas calças de adulto e seguirá estas etapas:

Ouvir. Esta é a parte mais difícil porque você ouvirá e se sentirá na defensiva. Você não pode fazer isso. Você tem que ouvir sem formular sua resposta. Você tem que ouvir sem interrupção. Você tem que ouvir e então pensar. Às vezes, você pode ter que se ausentar por um ou dois dias antes de responder.

Faça backup de sua posição. Se você discordar do advogado do diabo, apoie sua posição. Diga a eles por quê. Talvez você tenha conhecimento sobre o negócio que eles não possuem. Talvez você tenha tentado as sugestões deles no passado e elas não funcionaram. Comece uma conversa sobre isso e deixe que eles lhe digam por que acham que funcionará dessa vez.

Pergunte a si mesmo: "Isso vai de acordo com a nossa visão?" Às vezes, o advogado do diabo vai sugerir coisas que são realmente ótimas ideias, mas o afastam de sua visão. Reafirme a visão e coloque-os a bordo. Mas se for para a visão, provavelmente é uma boa coisa a se considerar.

Use "Sim, e ..." Aprendi esse truque lendo Bossypants de Tina Fey (que é um ótimo livro se você ainda não o leu). É um truque que eles ensinam na improvisação. Em vez de dizer "não" ou "mas", concorde com a sugestão e adicione seus dois centavos. Isso cria uma discussão colaborativa em vez de defensiva e frustrante.

Reconhecer a derrota. Haverá momentos - mais vezes do que você provavelmente está disposto a admitir - em que você terá que admitir a derrota. O advogado do diabo terá vencido e você terá que dar a eles sua medalha de ouro.

Ser o chefão tem mais a ver com conceder controle, motivar as pessoas a terem sucesso e treiná-las para dar o melhor de si. Se você não puder fazer isso porque seu ego está no caminho, ninguém vai ganhar.

NOS NEGÓCIOS, TEMPOS DE INCERTEZA EXIGEM LÍDERES, NÃO CHEFES - QUEM É VOCÊ?

Sem dúvida, há um desastre humanitário se desenrolando de uma magnitude não vista há gerações. É brutal. É pessoal. É de partir o coração.

Também há perturbação econômica associada, e isso está causando dificuldades de outras maneiras. Os negócios são afetados, as pessoas são deslocadas e o dinheiro está apertado. É uma crise em todos os sentidos.

Ao longo desse período em que o mundo é assolado pela crise CONVID-19, você, como líder, provavelmente estará frenético. Seu foco está sendo direcionado para uma variedade de assuntos e ameaças, tanto reais quanto potenciais. A sua empresa é elegível para apoio governamental? Como você pode otimizar isso? Você está enfrentando problemas de fluxo de caixa terminal? E, ao mesmo tempo, você também está se ajustando a um novo paradigma no qual todos os seus funcionários estão trabalhando em casa.

Mas e você? E quanto ao seu negócio? Seu time? Seu futuro? Você está posicionado para emergir mais forte?

Os líderes podem ter sucesso durante a crise COVID-19, mas os chefes irão falhar.

Acima de tudo o mais que define uma crise (e COVID-19 não é diferente), a incerteza é a dinâmica única e consistente que sempre existe e exige que você opere de forma diferente e aprenda a se adaptar. É aqui que os líderes entram.

O professor de Harvard, John Kotter, define líderes como aqueles que nos movem e nos guiam através da mudança ou em direção a algum lugar novo. Isso contrasta com os chefes, que usam sua autoridade, processos e controles para garantir que sempre façamos as coisas de maneira consistente. Forças opostas, mas complementares.

Mas o que acontece quando o paradigma muda, como agora? E se os processos e controles não funcionarem mais? O que acontece quando a mudança está acontecendo tão rápido que os negócios simplesmente não conseguem acompanhar?

"Não é o mais forte das espécies que sobrevive, não é o mais inteligente, mas aquele que mais reage à mudança" - Charles Darwin

Os líderes que abraçam a mudança como seu "modus operandi" COVID terão sucesso. Na melhor das hipóteses, os líderes não podem se dar ao luxo de pausar e desenvolver novamente a estratégia, nem se dar ao luxo de avançar com pressa e correr o risco de seguir na direção errada. Infelizmente, esse dilema é ampliado durante uma crise e, em seguida, ampliado ainda mais para empresas menores que são menos resilientes em primeiro lugar.

Então, como as empresas de sucesso funcionarão durante esta crise? Como eles vão emergir mais fortes do que qualquer outra pessoa? O segredo é a própria mudança.

Você sairá do COVID-19 com mais ou menos clientes?

Era uma vez, líderes empresariais que adotaram o modelo de "comando e controle" aperfeiçoado pelos militares e pelo governo. Muitos de vocês podem se lembrar desse modelo desde os primeiros estágios de sua carreira. Eu certamente lembro.

Dentro do modelo de comando e controle, o líder final ou grupo de liderança forma um pacote alfa e decide tudo. O problema é que esse estilo de liderança não ressoa muito bem nas pessoas hoje em dia, e em uma crise como a COVID-19, é completa e totalmente fora de lugar.

Em suma, as pessoas querem mais da vida do que serem microgerenciadas, e muitas realmente resistem que lhe digam o que fazer. O que isso significa é que, em última análise, o modelo de comando e controle interfere na adesão, lealdade e envolvimento da equipe e restringe a capacidade de sua equipe de evoluir rápido o suficiente para acompanhar rivais bem liderados, quanto mais mercados líderes.

Considere como vários governos responderam de forma diferente ao COVID-19. Que nível de confiança foi obtido pelos líderes que compartilharam dados de forma transparente no início, com todas as suas imperfeições, em comparação com aqueles que os mantiveram ocultos? E então pense sobre como isso impactou a capacidade dos respectivos líderes de controlar a narrativa e mudar os objetivos conforme o próprio COVID-19 exigia?

É um equilíbrio complicado, é claro, garantir a direção em vez de dar a direção. Um ponto ilustrado até mesmo na Nova Zelândia, a queridinha da mídia na resposta à crise, onde o chefe do Ministério da Saúde do país, Ashley Bloomfield, observou como as equipes de linha de frente que abraçaram a autonomia que ele lhes proporcionou foram significativamente mais eficazes em desacelerar a disseminação do COVID-19 do que aquelas que buscavam orientação e até reclamavam que deveria haver níveis mais altos de controle.

O resultado é que, em uma crise como a COVID-19, se você está fazendo qualquer coisa, exceto se organizar dessas maneiras, é melhor mudar. E rápido.

A tarefa mais importante que você pode fazer agora

Você já lidera dessa forma? Você já está facilitando a mudança e o crescimento em sua prática continuamente? Se você fosse um capitão de barco de rio que repentinamente descobrisse que o rio havia acabado e que você navegou em mar aberto pela primeira vez, você cortaria a linha da proa e se moveria com a corrente, capacitando sua tripulação e embarcando em uma aventura no o desconhecido ... ou você tentaria desesperadamente encontrar o rio mais uma vez?

Se você não tiver certeza, aqui está uma pesquisa de quatro perguntas para ajudá-lo a planejar um curso eficaz de estratégia:

1. Você estaria preparado para articular objetivos ajustados de três meses para sua equipe, a cada três meses? Durante o COVID-19, e particularmente com uma equipe remota, você não pode mais presumir que seu pessoal realmente entende suas prioridades mais importantes e está alinhado com elas.

2. Você consegue se sentir confortável com um alto nível de transparência? A transparência leva à confiança, e a confiança não é apenas a pedra angular da liderança eficaz, mas um imperativo em um negócio moderno de "ajuste em tempo real".

3. Você está bem em capacitar seu pessoal para alcançar os resultados à sua maneira? Se você disser que não tem certeza, é provável que não concorde com isso, mas precisa estar. Você deve se sentir confortável em permitir que sua equipe alcance os resultados à sua maneira e capacitá-la a remover tudo o que estiver em seu caminho.

4. Você está aberto ao que pode acontecer se as coisas começarem a acontecer de maneira diferente? Novamente, se você está descartando essa questão muito rapidamente, tome cuidado. Eu sei que pode ser difícil, mas se você não pode permitir que as coisas fluam sem controle, ou se algum dia você disser "Eu te avisei", as chances são de seu desejo de controle e de ser "o especialista na sala " Matará a galinha dos ovos de ouro antes que ponha o primeiro ovo.

CAPÍTULO 12 Investidores ANJO

*"Sucesso é a soma de pequenos esforços,
repetidos o tempo todo"*
Robert Collier

Os empreendedores precisam estar preparados ao apresentar suas empresas iniciantes a investidores anjos, antecipando as perguntas que receberão. O fracasso em ter respostas ponderadas e razoáveis para essas perguntas diminuirá a probabilidade de a empresa do empreendedor obter financiamento.

A seguir está uma lista de perguntas-chave que o investidor anjo fará, e que todos os empreendedores devem estar bem-preparados para responder durante seu argumento de venda:

Visão geral

No início de um argumento de venda com o investidor, os investidores anjo desejam uma visão geral clara e concisa do que a empresa faz, porque é interessante e porque pode levar a uma grande saída. Portanto, espere que você precise cobrir o seguinte:

O que a empresa faz?
O que é único na empresa?
Que grande problema isso resolve?
Qual é o tamanho da oportunidade de mercado?
Onde você está sediado? (Muitos investidores preferem empresas localizadas em grandes centros urbanos).

Mercado

Você precisará traçar um quadro claro de que a oportunidade de mercado é significativamente grande e crescente, portanto, você receberá perguntas como:

Qual é o mercado endereçável real?
Que porcentagem do mercado você planeja obter em que período de tempo?
Por que sua empresa tem alto potencial de crescimento?

Fundadores e equipe

Para muitos investidores anjo, a equipe de gestão é o elemento mais importante na decisão de investir ou não. Os empreendedores devem mostrar que são apaixonados, dedicados e têm experiência de domínio relevante. Portanto, antecipe que os investidores anjo farão as seguintes perguntas:

Quem são os fundadores e os principais membros da equipe?
Que experiência de domínio relevante a equipe tem?
Por que a equipe é exclusivamente capaz de executar o plano de negócios da empresa?
O que motiva os fundadores e como eles demonstram seu comprometimento com o negócio?
Como você planeja escalar a equipe nos próximos 12 meses?

Produtos e serviços

O empreendedor deve articular claramente em que consiste o produto ou serviço da empresa e porque ele é único, então espere obter as seguintes perguntas que os investidores anjo farão:

Por que os usuários se preocupam com seu produto ou serviço?
Quais são os principais marcos do produto?
Quais são as principais características diferenciadas de seu produto ou serviço?
O que você aprendeu com as primeiras versões do produto ou serviço?
Você pode fornecer uma demonstração do produto ou serviço?
Quais são os dois ou três recursos principais que você planeja adicionar?

Concorrência

Os concorrentes da empresa sempre serão um problema e qualquer empresário que responder "não temos concorrentes" terá problemas de credibilidade. Portanto, certifique-se de antecipar as seguintes perguntas:

Quem são os concorrentes da empresa?
O que dará à sua empresa uma vantagem competitiva?
Que vantagens sua concorrência tem sobre você?
Em comparação com a concorrência, como você compete em relação a preço, recursos e desempenho?

Marketing e aquisição de clientes

Os investidores vão querer ter uma noção de como a empresa planeja se comercializar, o custo de aquisição de um cliente e o valor de longo prazo de um cliente. Portanto, esteja preparado para o seguinte:

Como a empresa comercializa ou planeja comercializar seus produtos ou serviços?
Qual é o custo de aquisição de um cliente?
Qual é o valor da vida útil projetada de um cliente?
Qual é o ciclo de vendas típico entre o contato inicial com o cliente e o fechamento de uma venda?

Progresso no negócio

Uma empresa que obtêve tração inicial de alguma forma será vista de forma positiva, portanto, esteja preparado para responder a estas perguntas:

Qual tração inicial a empresa obteve (vendas, tráfego para o site da empresa, downloads de aplicativos, etc., conforme relevante).
Como a tração inicial pode ser acelerada?
Quais foram as principais razões para a tração precoce?

Riscos

Inevitavelmente, há riscos em qualquer plano de negócios, então planeje responder a estas perguntas com atenção:

Quais são os principais riscos para o negócio?
Que riscos legais você corre?
Você tem algum risco regulatório?
Existem riscos de responsabilidade do produto?

Propriedade intelectual

Para muitas empresas, sua propriedade intelectual será a chave para o sucesso. Os investidores prestarão atenção especial às respostas a estas perguntas:

Quais são as principais propriedades intelectuais da empresa (patentes, patentes pendentes, direitos autorais, segredos comerciais, marcas comerciais, nomes de domínio)?
Que conforto você tem de que a propriedade intelectual da empresa não viola os direitos de terceiros?
Como foi desenvolvida a propriedade intelectual da empresa?
Algum empregador anterior de um membro da equipe poderia reivindicar a propriedade intelectual da empresa?
Haverá alguma reclamação de uma parte que alega ser um cofundador? (Observe que esse problema surgiu com o Facebook e outras empresas.)

Finanças

Qualquer investidor anjo gastará tempo entendendo a situação financeira atual da empresa e a taxa de queima futura proposta. Esteja bem-preparado para estas questões:

Quais são as projeções de três anos da empresa?
Quais são as principais premissas subjacentes às suas projeções?
Quanto patrimônio e dívida a empresa levantou; qual é a estrutura de capitalização?
Que futuro financiamento de capital ou dívida será necessário?
Quanto de um pool de opções de ações está sendo reservado para os funcionários?

Quanta queima ocorrerá até que a empresa alcance a lucratividade?

Quais são as principais métricas nas quais a equipe de gerenciamento se concentra?

Rodada de Financiamento

Os investidores desejam obter uma imagem clara de quanto está sendo levantado na rodada de financiamento e as informações relacionadas a seguir:

Quanto está sendo arrecadado nesta rodada?
Qual é a avaliação pré-monetária desejada pela empresa?
Qual é o uso planejado dos recursos desta rodada?
Que marcos esta rodada de financiamento o ajudará a alcançar?

22 ERROS QUE OS EMPREENDEDORES COMETEM AO FALAR COM INVESTIDORES

Os empreendedores precisam convencer os investidores a levantar financiamento. Muitos empreendedores de empresas em estágio inicial cometem erros comuns que poderiam ser evitados. Leia abaixo algumas dicas sobre como melhorar o interesse do investidor e aumentar a probabilidade de financiamento.

Os erros são categorizados da seguinte forma:

- Erros a evitar ao planejar o alcance do investidor
- Erros a evitar na apresentação do argumento de venda do investidor
- Erros a evitar durante a apresentação do pitch.

Erros a evitar ao planejar o alcance do investidor

Erro nº 1: enviar seu resumo executivo ou plano de negócios não solicitado

Embora alguns investidores estejam abrindo seu processo de divulgação fria em resposta ao nivelamento do campo de jogo da igualdade racial e de gênero, a maioria ainda não lê rotineiramente e-mails não solicitados. Eles recebem centenas, senão milhares, de tais e-mails e não têm tempo para vasculhar para encontrar o diamante bruto.

Mas o que eles prestarão atenção é uma indicação de alguém em sua rede: um advogado, um empresário de uma das empresas de seu portfólio ou um colega capitalista de risco. Pergunte aos seus consultores com os quais você trabalha (por exemplo, seu conselho de administração ou escritório de advocacia) para ver se eles têm recomendações sobre referências de investidores e podem oferecer quaisquer apresentações diretas.

Erro nº 2: não fazer sua lição de casa sobre o investidor - apresentar sua empresa sem estar claro que você está em um espaço, palco e geografia nos quais o investidor está interessado

Alguns investidores só se preocupam com biotecnologia ou aplicativos móveis; ou a internet e a mídia digital. Outros investidores têm mandatos sobre o estágio e / ou localização geográfica de uma empresa. Faça sua lição de casa antes de lançar o argumento de venda para ter certeza de que sua empresa está alinhada com os objetivos dos investidores.

O primeiro lugar a procurar são os sites de investidores, que normalmente indicam o estágio exato, setor e local em que investem. Outros recursos incluem PitchBook ou CB Insights. Se você foi apresentado ao investidor, descubra tudo o que puder sobre a empresa e o indivíduo com a pessoa que fez a indicação.

Mostrar algum conhecimento sobre o histórico de um investidor e as empresas em que ele investiu facilitará a conversa e também mostra que você fez a devida diligência prévia para a reunião.

Erro nº 3: Lançando o seu investidor ideal primeiro

Cada vez que você lançar, você receberá um feedback valioso que permitirá que você refine ainda mais seu deck e apresentação. Comece com investidores "calorosos" ou "amigáveis" primeiro, para estar bem-posicionado quando apresentar um investidor altamente desejável. Você precisa estar preparado para fornecer respostas nítidas às perguntas; e a prática irá aprimorar suas respostas e apresentação.

Erro nº 4: pedir para ter um NDA assinado antes de compartilhar informações

A maioria dos investidores tem uma política de não assinar acordos de sigilo. Por que você colocaria um obstáculo no caminho para se conectar com um investidor? Se você tem algo altamente confidencial, não compartilhe. Assim que enviar um argumento de venda, você deve presumir que ele será compartilhado de forma mais ampla.

O objetivo de um argumento de venda é gerar interesse entre um investidor e uma empresa - não para fornecer um mergulho profundo, que normalmente ocorreria durante o processo de diligência. Para sua proteção legal, coloque um aviso de direitos autorais na parte inferior de sua apresentação e adicione a frase "Confidencial e Privado. Todos os direitos reservados."

Erro nº 5: não ter uma introdução por e-mail eficaz e concisa

Crie uma introdução de e-mail cuidadosa e curta de quatro a cinco frases que resuma brevemente a empresa e motive alguém a abrir a apresentação do argumento de venda. O e-mail não deve ser muito técnico, mas sim transmitir porque essa é uma excelente oportunidade de investimento. Seus consultores e outras pessoas podem usar esta sinopse para ajudá-lo a se conectar com investidores relevantes.

Erro nº 6: não olhar para outras apresentações de argumento de venda e resumos executivos

A revisão de outros argumentos de venda e resumos executivos pode ajudá-lo a melhorar o seu. Você pode pedir amostras ao seu advogado, a outros empresários ou a amigos investidores anjos. Muitos também estão disponíveis online.

Erros a evitar na apresentação do argumento de venda do investidor

Erro nº 7: ter mais de 15-20 slides em sua apresentação e dificultar sua visualização

Você terá no máximo uma hora para fazer sua apresentação. Portanto, sobrecarregar sua apresentação com muitos slides diminuirá a nitidez da apresentação e você não terá tempo de chegar aos slides no final da apresentação. Se um investidor estiver interessado, você pode fornecer informações mais detalhadas posteriormente.

Em muitos casos, a apresentação será visualizada em um dispositivo móvel ou tablet. Ter um tamanho de arquivo de 5 MB ou menor garantirá que quaisquer filtros de e-mail ou restrições de download de celular não impeçam a visualização do seu deck. Além disso, não faça os investidores acessarem o Google Docs, Dropbox ou algum outro serviço de compartilhamento de arquivos para obter a apresentação. Inclua no e-mail como um arquivo PDF.

Erro nº 8: não compreender e articular totalmente o cenário competitivo

Uma análise do cenário competitivo deve sempre fazer parte da sua apresentação. Dizer a um VC que você não tem concorrência provavelmente significa que você é irreal ou ingênuo. É claro que você tem concorrência, seja direta, indireta ou alguém que oferece uma solução substituta. E sua análise de seus concorrentes mostrará ao investidor se você conhece o mercado.

Um investidor vai querer saber por que seu produto ou tecnologia é melhor ou diferente do que já existe. Você pode presumir que eles saberão sobre produtos ou tecnologias da concorrência, portanto, você precisa ter uma boa resposta. Por exemplo, "Somos diferentes do Instagram em três aspectos importantes: (1) somos mais fáceis de usar; (2) temos melhores funções de edição; e (3) estamos monetizando mais cedo do que o Instagram foi capaz."

Erro nº 9: não explicar a tração ou os clientes atuais

Uma das coisas mais importantes a serem retransmitidas são sinais de tração precoce ou clientes. Se você tem um aplicativo, os investidores querem saber quantos downloads você tem e quantos downloads adicionais está obtendo por semana. Você conseguiu algum cliente de marca se for uma empresa de software? Como a tração inicial pode ser acelerada? Qual foi o principal motivo da tração? Mostre como você pode escalar essa tração inicial.

Quais betas / pilotos / prova de conceito você tem por aí? Isso pode ter um grande impacto de sinalização.

Não se esqueça de transmitir qualquer notícia ou imprensa que tenha recebido, especialmente de sites ou publicações proeminentes. Coloque as manchetes em um slide no seu deck. Liste o número de artigos e publicações que mencionam você.

Erro nº 10: deixar de destacar a experiência e as credenciais de sua equipe

Muitos investidores consideram a equipe por trás de uma startup em estágio inicial mais importante do que a ideia ou o produto, especialmente se a equipe incluir um empreendedor em série. Os investidores vão querer saber se a equipe possui o conjunto certo de habilidades, motivação, experiência e temperamento para fazer o negócio crescer. Tudo isso é mostrado aos investidores, junto com a paixão por fazer algo realmente grande e único. Antecipe estas questões:

Quem são os fundadores e os principais membros da equipe?
Que experiência de domínio relevante a equipe tem?
Quais acréscimos importantes à equipe são necessários a curto prazo?
Por que a equipe é exclusivamente capaz de executar o plano de negócios da empresa?
Quantos empregados você tem?
O que motiva os fundadores?
Como você planeja escalar a equipe nos próximos 12 meses?
Quem está no seu conselho e por quê?

Erros a evitar durante a apresentação do pitch

Erro nº 11: não demonstrar por que a oportunidade de mercado é grande e pode prosperar no clima atual

A maioria dos investidores está procurando negócios que possam crescer e se tornar significativos, especialmente no atual clima COVID, político e econômico. Portanto, certifique-se de abordar esse problema desde o início para saber por que sua empresa pode realmente se tornar grande. Não apresente pequenas ideias. Se a oportunidade de mercado para seu produto inicial não for grande, então talvez você precise posicionar a empresa como uma "plataforma" de negócios, permitindo o desenvolvimento futuro de múltiplos produtos. Os investidores querem saber o mercado real que pode ser atendido e que porcentagem do mercado você planeja obter ao longo do tempo.

Erro nº 12: Mostrar projeções e avaliações desinteressantes ou irrealistas

Se você mostrar as projeções de que a empresa se tornará US$ 5 milhões em receita em cinco anos, não haverá muito interesse. Os investidores querem investir em uma empresa que possa crescer significativamente e se tornar um negócio estimulante. Alternativamente, se você mostrar projeções em que estará em $ 500 milhões em três anos, isso será visto como irreal, especialmente se você estiver com receita zero hoje. Evite suposições em suas projeções que serão difíceis de justificar, como por exemplo, como você obterá um crescimento de 400% na receita com um crescimento de apenas 20% nos custos operacionais e de marketing.

O mesmo se aplica às avaliações. Muitas vezes, é melhor não discutir a avaliação em uma primeira reunião, a não ser para dizer que você espera ser razoável na avaliação.

Erro nº 13: Se esquivar de perguntas difíceis

Você tem que antecipar perguntas difíceis. Dizer a um investidor que você responderá a ele raramente deixa uma boa impressão. Se um investidor estiver fazendo perguntas a você, é um bom sinal de que ele está engajado. Faça o seu melhor para responder às perguntas imediatamente. Não se esquive das perguntas difíceis ou diga que as abordará mais tarde na apresentação. Os investidores querem ver se você consegue pensar por conta própria. Espere ser interrompido durante a sua apresentação.

Erro nº 14: não entender os custos de aquisição do cliente e o valor a longo prazo do cliente

Os investidores estarão interessados em sua compreensão das questões de aquisição de clientes ou usuários. Quais custos você terá para adquirir um cliente? Qual será o valor provável de vida do cliente? Quais canais você usará para adquirir esse usuário ou cliente? Quais custos de marketing você incorrerá? Qual é o ciclo de vendas típico entre o contato inicial com o cliente e o fechamento de uma venda? Não estar preparado para esse tipo de pergunta prejudicará a percepção de quão bem você elaborou seu plano de negócios.

Erro nº 15: não ser capaz de articular uma estratégia de marketing coerente

Só porque você construiu algo ótimo, não significa que vai vender ou obter a adoção do usuário. Explique seus planos para comercializar seu produto ou serviço. Quais saídas você vai usar? Como você pode chegar a clientes em potencial de maneira econômica? Como você usará as mídias sociais, como Facebook, Twitter, LinkedIn, Pinterest, etc.? Você fará marketing de conteúdo e colocará postagens patrocinadas em sites como BusinessInsider.com, Forbes.com e AllBusiness.com? Você fará marketing de busca e pode mostrar que será produtivo? Que etapas você seguirá para obter algumas vendas rápidas ou a adoção de sua oferta?

Erro nº 16: não apresentar uma demonstração

Uma demonstração vale mais que mil palavras. Mostre um protótipo ou demonstração funcional de seu produto, aplicativo ou site. Isso dará aos investidores uma noção melhor do que você está tentando fazer. Certifique-se de que funciona bem e não tem "bugs". Impressione o investidor com sua aparência. Quando possível, considere incluir um link de vídeo / demonstração em seu deck.

Erro nº 17: não compreender os riscos potenciais para o negócio

Os investidores vão querer testar o que você vê são os riscos para o negócio. Eles querem entender seu processo de pensamento e as precauções atenuantes que você planeja tomar. Inevitavelmente, existem riscos em qualquer plano de negócios, portanto, esteja preparado para responder a estas perguntas com atenção:

Quais são os principais riscos para o negócio?
Que riscos legais você corre?
Quais riscos de tecnologia você corre?
Você tem algum risco regulatório?
Existem riscos de responsabilidade do produto?
Que etapas você prevê para mitigar esses riscos?
Como o COVID-19 afetará seus negócios no futuro?

Erro nº 18: não ser capaz de explicar as principais premissas em suas projeções

Para que um investidor acredite em suas projeções financeiras, eles vão querer que você articule as principais premissas e os convença de que são razoáveis. Se você não puder fazer isso, eles não sentirão que você tem um controle real sobre o negócio. Espere que os investidores espertos voltem atrás nos números das premissas; eles vão querer que você dê uma resposta convincente e ponderada.

Erro nº 19: Não articular claramente o uso de fundos e a pista

Os investidores vão querer saber como seu capital será investido e sua taxa de consumo proposta - (para que eles possam entender quando você pode precisar da próxima rodada de financiamento). Também permitirá que um investidor teste se seus planos de arrecadação de fundos são razoáveis, dados seus requisitos de capital. Isso também permitirá que eles vejam se sua estimativa de custos (por exemplo, para talentos de engenharia, custos de marketing ou espaço de escritório) é razoável, dada a sua experiência com outras empresas.

Erro nº 20: não destacar sua propriedade intelectual

Para muitas empresas, sua propriedade intelectual será a chave para o sucesso. Isso é verdade em muitos casos, mas ainda mais para empresas em estágio inicial. Os investidores prestarão atenção especial às suas respostas a estas perguntas:

Quais são as principais propriedades intelectuais da empresa (patentes, patentes pendentes, direitos autorais, segredos comerciais, marcas comerciais, nomes de domínio)?

Que conforto você tem de que a propriedade intelectual da empresa não viola os direitos de terceiros?

Como foi desenvolvida a propriedade intelectual da empresa?

Algum empregador anterior de um membro da equipe poderia reivindicar a propriedade intelectual da empresa?

Que ações você está tomando para proteger sua propriedade intelectual?

Erro nº 21: não explicar o produto ou serviço bem o suficiente

Você deve articular claramente em que consiste seu produto ou serviço e porque ele é único, portanto, espere obter as seguintes perguntas:

Por que os usuários se preocupam com seu produto ou serviço?

Quais são os principais marcos do produto?

Quais são as principais características diferenciadas de seu produto ou serviço?

O que você aprendeu com as primeiras versões do produto ou serviço?

Quais são os dois ou três recursos principais que você planeja adicionar?

Com que frequência você imagina aprimorar ou atualizar o produto ou serviço?

Follow-up

Erro nº 22: não enviar um agradecimento pessoal após a reunião de argumento de venda

Deixar de enviar uma nota de agradecimento, ou pior, enviar uma nota genérica, é um erro. Sempre envie uma nota de agradecimento genuína e personalizada a cada um dos investidores que você conheceu.

Conclusão

Nem todos esses erros são fatais. À medida que pratica e faz mais apresentações para consultores e investidores, você aprenderá o que é importante para eles e o que não lhes agrada. Certifique-se de adaptar seu argumento de venda e apresentação a partir dessas dicas.

Um guia para apresentações de Pitch Decks para arrecadação de fundos para startups

As startups frequentemente preparam um "Pitch Deck (em inglês) ou argumento de venda (em português)" para apresentar sua empresa a possíveis investidores anjos ou de capital de risco. A apresentação do argumento de venda normalmente consiste em 15-20 slides em uma apresentação de PowerPoint e tem como objetivo mostrar os produtos, tecnologia e equipe da empresa aos investidores.

Levantar capital de investidores é difícil e demorado. Portanto, é crucial que uma startup crie uma grande apresentação de argumento de venda para o investidor, articulando uma história atraente e interessante.

Vou lhe apresentar alguns conselhos importantes para a criação de um argumento de venda forte, completo e envolvente para investidores, junto com orientações sobre como apresentar a investidores anjo e investidores de capital de risco. Também forneço links para exemplos de apresentações de argumentos de venda que você pode verificar como referência ao iniciar o processo de construção de suas próprias apresentações.

O que fazer e o que não fazer nas apresentações de argumento de venda do investidor

Muitos empreendedores cometem uma série de erros evitáveis ao criar seus argumentos de vendas para investidores. Aqui está uma lista de coisas preliminares que você deve e não deve ter em mente.

O que fazer:

Inclua este texto na parte inferior esquerda da página de rosto da apresentação do argumento de venda: "Confidencial e proprietário. Copyright (c) por [Nome da empresa]. Todos os direitos reservados."

Convença o visualizador de porque a oportunidade de mercado é grande.

Inclua gráficos e imagens visualmente interessantes.

Envie a apresentação do argumento de venda em formato PDF para investidores em potencial antes de uma reunião. Não force o investidor a obtê-lo no Google Docs, Dropbox ou algum outro serviço online, pois você está apenas colocando uma barreira para o investidor realmente lê-lo.

Planeje fazer uma demonstração de seu produto como parte da apresentação pessoal.

Conte uma história atraente, memorável e interessante que mostre sua paixão pelo negócio.

Mostre que você tem mais do que apenas uma ideia e que obteve uma tração inicial no desenvolvimento do produto, na obtenção de clientes ou na assinatura de parceiros.

Faça uma frase de efeito para que os investidores se lembrem de você.

Use um tamanho de fonte, cor e estilo de título de cabeçalho consistentes em todos os slides.

Não faça isso:

Não faça a apresentação do argumento de venda com mais de 15 a 20 slides (os investidores têm períodos de atenção limitados). Se você sentir que precisa adicionar mais informações, inclua-as como um apêndice.

Não tenha muitos slides prolixos.

Não forneça detalhes financeiros excessivos, pois isso pode ser fornecido em um acompanhamento.

Não tente cobrir tudo na apresentação do argumento de venda. Sua apresentação pessoal lhe dará a oportunidade de adicionar e destacar informações importantes.

Não use muitos jargões ou siglas que o investidor pode não entender imediatamente.

Não subestime ou menospreze a competição.

Não deixe sua apresentação do argumento de venda desatualizada. Você não quer uma data na capa que já tenha vários meses (é por isso que evito colocar uma data na capa). E você não quer informações ou métricas na apresentação sobre sua empresa que pareçam desatualizadas ou desatualizadas.

Não tenha um layout ruim, gráficos ruins ou uma "aparência" de baixa qualidade. Pense em contratar um designer gráfico para dar à sua mesa de vendas uma aparência mais profissional.

Certifique-se de revisar outros exemplos de apresentação de argumentos de venda

Ao criar seu argumento de venda para investidores, é extremamente útil ver outros exemplos de apresentação de argumento de venda. Muitas apresentações de argumento de venda estão disponíveis online, incluindo:

Argumento de venda de modelos do Google para startups
Apresentação do LinkedIn para a rodada da série B
Apresentação original do Facebook da primavera de 2004
Apresentação do Airbnb para a rodada do anjo
Apresentação do argumento de venda do investidor de pré-lançamento de Mint.com

Quais são os slides principais que você deseja em sua apresentação de argumento de venda?

Você deseja que a apresentação do argumento de venda do investidor cubra os seguintes tópicos, aproximadamente na ordem estabelecida aqui e com títulos ao longo das linhas a seguir:

Visão Geral da Empresa
Missão / Visão da Empresa
O time
O problema
A solução
A oportunidade de mercado
O produto
Os clientes
A tecnologia
A competição
Tração
Modelo de Negócios
O Plano de Marketing
Finanças
Perguntas

Evite desviar-se desse formato, pois os investidores esperam esse tipo de apresentação.

1. O slide "Visão geral da empresa" da apresentação de argumentos de venda

Acredito piamente que a página após a página de rosto deve ser uma "Visão geral da empresa", onde você resume em 4 a 6 pontos seu negócio, quais problemas ele resolve, onde você está localizado, a experiência da equipe de gestão e qualquer tração chave já estabelecida.

A página de visão geral da sua empresa deve atrair o leitor e convencê-lo de que sua empresa tem a oportunidade de crescer muito.

2. O slide "Missão / Visão" do Pitch Deck

Neste slide, você deseja um resumo nítido da missão / visão da empresa. Alguns exemplos de missão incluem:

"Nossa missão é ser a solução empresarial para as brechas de segurança cibernética no armazenamento de dados de uma empresa."
"Somos a solução móvel para a geração do milênio que deseja investir no mercado de ações."
"Somos a solução on demand semelhante ao Uber para limpeza doméstica."

A "visão" pode ser a meta que você acha que poderia se tornar, como "Nossa visão é nos tornarmos a empresa líder de comércio eletrônico para indivíduos em recuperação de lesões".

Pense neste slide como seu discurso de Pitch Deck atraente de 15 segundos.

3. Slide "A Equipe" do Pitch Deck

Muitos investidores acreditam que a equipe de uma empresa é o determinante mais importante para investir ou não. O slide "A equipe" normalmente inclui:

Fotos dos principais membros da equipe
Títulos dos membros da equipe
Breve resumo do emprego anterior da equipe, mostrando experiência de domínio e especialização relevante

Conselheiros, consultores e membros do Conselho (às vezes incluídos neste slide para reforçar a credibilidade)

4. Slide "O Problema" no Pitch Deck

Você precisa definir o problema ou a necessidade de solução de sua startup, incluindo:

Quão grande é o problema?
Por que isso é importante?
Para quem você está resolvendo o problema?
Quem são os clientes-alvo?

5. Slide "A Solução" no Pitch Deck

Uma vez que o slide anterior articulou o problema, a seção "A Solução" de sua apresentação de argumentos de venda para investidores deve articular sua solução proposta e porque ela é melhor do que outras soluções no mercado. Esta apresentação deve ser cuidadosamente coordenada com o slide "Produto" da apresentação do argumento de venda, pois pode haver alguma sobreposição.

6. O slide "Produto" do Pitch Deck

Você deve articular claramente em que consiste o produto ou serviço de sua empresa e porque ele é único, portanto, o slide "O Produto" da apresentação deve responder:

Quais são os principais recursos do produto?
Por que os usuários se preocupam com o produto?
Quais são os principais marcos do produto?
Quais são os principais recursos diferenciados do produto?
Quais recursos adicionais do produto estão planejados?
Imagens, recursos visuais e vídeos podem desempenhar um papel importante aqui - não basta ter longas explicações por escrito.

7. O slide "Oportunidade de mercado" da apresentação de argumentos de venda

Os investidores querem investir em grandes oportunidades com grandes mercados endereçáveis. No slide "Oportunidade de mercado", você deseja:

Defina o mercado em que você está.
Defina o tamanho do mercado em dólares.
Inclua gráficos mostrando que sua empresa atenderá a uma grande parte do mercado endereçável.

8. O slide "Clientes" da apresentação de argumentos de venda

Se a empresa tiver clientes iniciais, um slide "Clientes" pode ser poderoso e adicionar credibilidade. Normalmente, os logotipos de clientes que são bem conhecidos estão incluídos nesta página de slide.

9. Slide "A Tecnologia" do Pitch Deck

Os investidores estarão particularmente interessados em sua tecnologia subjacente (existente e em desenvolvimento). Este slide da apresentação do argumento de venda do investidor pode abordar:

A espinha dorsal da tecnologia básica
Principais direitos de propriedade intelectual que a empresa possui (patentes, patentes pendentes, direitos autorais, marcas registradas, nomes de domínio)
Por que a tecnologia é ou será superior
Por que será difícil para um concorrente replicar a tecnologia

10. O slide "Competição" do Pitch Deck

Os concorrentes da empresa sempre serão um problema para os investidores. Seu slide de "Competição" deve antecipar as seguintes perguntas:

Quem são os concorrentes da empresa?
O que dá à sua empresa uma vantagem competitiva?
Quais são os principais recursos de diferenciação de seus concorrentes?
Você realmente precisa mostrar uma compreensão do cenário competitivo e estar preparado para responder a perguntas sobre seus

concorrentes. Se você não entende seus concorrentes, o investidor pode concluir que você realmente não entende o mercado.

11. O slide de "tração" da mesa de apresentação

Uma empresa que obteve tração inicial de alguma forma será vista de forma positiva. Um slide de "tração" às vezes, mas nem sempre, é incluído na apresentação do argumento de venda (às vezes, o progresso / tração da empresa é apenas espalhado por outros slides). O slide de "tração" pode cobrir o seguinte:

Qual tração inicial a empresa obteve (vendas, tráfego para o site da empresa, downloads de aplicativos, métricas de crescimento etc., conforme relevante)?
Que parcerias estratégicas foram consumadas?
Como a tração inicial pode ser acelerada?
Imprensa e elogios
Testemunhos

12. Slide "O modelo de negócios" da apresentação de argumentos de venda

Os investidores vão querer entender o seu modelo de negócios. Portanto, este slide pode abordar questões importantes como:

Como você ganha dinheiro?
Qual é o modelo de preços?
Qual é o valor de longo prazo de um cliente?
Quais são os canais e custos de aquisição de clientes?

13. O slide "Plano de marketing" da apresentação de argumentos de venda

Não importa o quão bom seja o seu produto, você precisará ter um bom plano de marketing para obter clientes ou usuários. O slide "Plano de marketing" da apresentação pode cobrir:

Quais os principais canais de marketing que você usará (pesquisa paga, mídia social, TV, rádio, marketing por e-mail, etc.)?
Quais sucessos iniciais você teve e quais canais funcionaram?

Quais são os seus custos preliminares de aquisição de cliente por cliente (e, correspondentemente, qual é o valor de vida projetado de um cliente)?

Qual RP você estará empregando?

Quais notícias ou novidades você obteve?

14. O slide "Finanças" da apresentação de argumentos de venda

Os investidores vão querer entender a situação financeira atual da empresa e a taxa de "queima" futura proposta (perda de caixa mensal ou anual enquanto a empresa está desenvolvendo e comercializando seu produto).

O slide "Finanças" às vezes inclui o seguinte:

Projeções financeiras de três a cinco anos
Economia da unidade
Taxa de queima
Métricas chaves que são importantes para o negócio (como receita recorrente anual)
Receita e despesas totais
EBITDA
Principais pressupostos

Certifique-se de que suas projeções não sejam irrealistas; você não quer que os investidores em potencial questionem imediatamente suas projeções como absurdas ou simplesmente inacreditáveis. Evite a armadilha de dizer que você aumentará as receitas em 10x em um ano, mas aumentará apenas 2x os custos de vendas e marketing.

15. Slide "The Ask" do Pitch Deck

Perto do final, você deve ter um slide intitulado "The Ask". Neste slide, você deve abordar:

Quanto dinheiro você está buscando (uma variação é adequada, como "estamos buscando US $ 2 a US $ 3 milhões em financiamento")

Quanto tempo você acha que o financiamento vai durar (15-18 meses)?

Quais marcos importantes você acha que será capaz de alcançar com o financiamento

Qual será o uso principal da receita do investimento (por exemplo, tecnologia e desenvolvimento de produto, novas contratações, despesas de capital, marketing, etc.)

Quem são seus investidores existentes (destacando todos os investidores bem conhecidos)

Conclusão

Uma grande apresentação do argumento de venda de um investidor pode tornar muito mais provável a obtenção de financiamento para sua startup. Mas você precisa ter certeza de que a história é atraente e interessante. Você deve abordar os tópicos que os investidores esperam ver.

CAPÍTULO 13 Comprar uma empresa

"Sucesso é a soma de pequenos esforços,
repetidos o tempo todo"
Robert Collier

Faça deste o ano em que você finalmente comprou um negócio

Este deve ser o ano em que você finalmente iniciará seu próprio negócio? Se você perguntar aos especialistas do BizBuySell.com, a resposta é um retumbante "Sim". De acordo com o Relatório Anual de Insight de 2018 do BizBuySell.com, 2019 deve ser um ótimo momento para comprar um negócio.

Quando você pensa em se tornar seu próprio patrão, pode não ter considerado comprar uma empresa existente. Mas se você comprar uma empresa que já está prosperando, pode ser um atalho para entrar no empreendedorismo. Pense nisso como a compra de uma casa construída há 20 anos, em vez de comprar um terreno e construir uma alfândega do zero.

Para os empreendedores que já estão no mercado, comprar um negócio relacionado ou complementar também tem seus benefícios. Obter acesso a novas tecnologias, mercados, territórios ou produtos por meio de uma aquisição pode fornecer um caminho ideal para expandir seus negócios mais rapidamente do que você poderia de outra forma.

POR QUE COMPRAR UMA EMPRESA É UMA BOA IDEIA?

No ano passado, as finanças de pequenas empresas à venda atingiram recordes históricos, permitindo que os vendedores solicitassem e obtivessem mais dinheiro para seus negócios do que nunca. Os preços altos podem soar como um impedimento para aqueles que desejam comprar um negócio. No entanto, é realmente uma situação em que todos ganham, de acordo com BizBuySell. Por quê? Bem, os compradores estão pagando preços mais altos, mas estão obtendo negócios mais saudáveis em troca desses preços. Isso dá a eles uma chance melhor de sucesso. Devido a este "campo de jogo nivelado" para compradores e vendedores de negócios, o número de pequenas empresas que mudam de mãos está aumentando.

A aposentadoria dos baby boomers é um fator chave no crescente número de empresas à venda. BizBuySell relata que a maioria (53%) das empresas dos EUA são propriedade de baby boomers. No entanto, 60% dos boomers planejam vender seus negócios nos próximos dois anos ou menos, em comparação com apenas 32% de todos os proprietários de pequenas empresas. Em outras palavras, haverá um suprimento constante de negócios à venda, prevê o BizBuySell.

Conheça os novos empresários

A cara do empresário de hoje está mudando, refletindo muitas das mudanças demográficas pelas quais os Estados Unidos estão passando. Por exemplo, a maioria dos atuais proprietários de empresas são caucasianos e a maioria são homens. No entanto, uma proporção crescente de compradores de negócios são mulheres, afro-americanos e pessoas com menos de 50 anos. Um terço dos compradores de negócios em 2018 eram cidadãos não naturais; desses, quase dois terços são imigrantes de primeira geração.

As empresas mais populares para comprar

Quais são os tipos de empresa mais populares para comprar no momento? Aqui está o detalhamento do BizBuySell:

Empresas de serviços - 41%
Varejistas - 23%
Restaurantes - 22%;
Outros - 10%
Fabricação - 4%

Faça sua lição de casa antes de comprar um negócio

Não tão rápido! Não importa o quão excitante possa parecer um negócio à venda, sempre se certifique de fazer a devida diligência antes de comprar um negócio. Siga esses passos:

Obtenha ajuda de um bom corretor de negócios que entende suas necessidades e o que você está procurando.

Faça alguma pesquisa sobre o setor que você está considerando para ter uma ideia de sua trajetória futura.

Se você já possui um negócio, descubra como o novo negócio e seus funcionários podem ser incorporados à sua empresa atual.

Explore a reputação da empresa e descubra todos os obstáculos que precisam ser superados. A empresa precisa de uma recuperação?

Por que a empresa está à venda? Não presuma. É seu trabalho fazer perguntas difíceis para que possa descobrir os problemas agora, e não mais tarde.

Peça que todas as finanças da empresa sejam analisadas com seu contador.

Pergunte ao vendedor se há algum problema jurídico que possa prejudicar sua capacidade de fazer negócios.

Embora pesquisar o negócio seja importante, você também precisa saber quando agir. Pesquise o máximo que puder, analise os dados e saiba quando é a hora de confiar no seu instinto.

Comprar uma franquia vs. uma empresa independente: quais são os prós e os contras?

Você adoraria operar seu próprio negócio e, ao longo dos anos, reservou dinheiro para investir em uma empresa que realizasse esse sonho de toda a vida. E quando finalmente chega a hora de administrar seu próprio negócio, você fica com duas opções: comprar uma franquia ou comprar uma empresa independente.

Embora ambas as opções o coloquem no topo da escada corporativa, cada uma delas tem suas próprias vantagens e desvantagens exclusivas. Saiba mais sobre os prós e os contras de cada um para ajudá-lo a determinar a opção certa para você.

Comprando uma franquia: seja seu próprio patrão com limites

As franquias são essencialmente negócios prontos. Você não precisa desenvolver um novo serviço ou produto que atenda a um problema existente. Em vez disso, um franqueador fornece o modelo de negócios, treinamento, assistência e até pesquisa de mercado. Os produtos e serviços já foram desenvolvidos e a empresa normalmente tem uma marca e uma base de clientes estabelecidas. Quando se trata de saltar para uma função mais gerencial com processos de trabalho, estratégias de marketing e publicidade estabelecidos, uma franquia definitivamente tem seus benefícios.

Então, o que resta para você fazer como franqueado? Claro, você ainda terá muito o que gerenciar dentro da empresa. Assim como em uma empresa independente, você precisará:

1. Estabelecer financiamento

Essa etapa costuma ser mais fácil, pois o franqueador já tem um plano de negócios e uma pesquisa de mercado que os investidores desejam ver.

2. Escolha um local

Embora muitos franqueadores ofereçam suporte e pesquisa para ajudá-lo a escolher o melhor local para seu novo negócio, talvez você ainda precise fazer um trabalho braçal para localizar o melhor local.

3. Construir ou alugar

Alugar uma propriedade normalmente será mais econômico; no entanto, as operações podem exigir um espaço mais especializado, podendo não haver edificações existentes para locação que se enquadrem nos requisitos.

4. Contrate funcionários

O número de funcionários que você contrata será baseado no tamanho e na complexidade das operações.

5. Comprar ou alugar equipamentos

O franqueador normalmente fornecerá a você uma lista de fornecedores ou distribuidores de equipamentos onde você pode comprar tudo o que precisa para administrar o negócio.

Desvantagens de comprar uma franquia

Existem várias desvantagens quando se trata de franquias. A desvantagem mais significativa é que você não tem controle total sobre como administrar o negócio. Após obter financiamento, contratar funcionários e receber treinamento, você ainda terá que seguir as regras estabelecidas pelo franqueador.

Os franqueadores fornecerão a você um Documento de Divulgação de Franquia (FDD). Este extenso documento informa todas as políticas que você terá que seguir ao administrar sua empresa. Ele também descreve suas responsabilidades como franqueado. Se você decidir aceitar todos os regulamentos e taxas, o franqueador fornecerá a você um contrato formal de franquia.

Outra desvantagem de comprar uma franquia é que você terá que pagar royalties contínuos e dividir seus lucros com o franqueador. Além disso, você deve ter em mente que haverá outros franqueados que adquiriram o mesmo modelo de negócios. Se outro proprietário de franquia opera mal seus negócios ou desenvolve relações ruins para a marca, sua reputação negativa pode impactar suas operações.

Por último, o franqueador tem a opção de cancelar seu contrato após o prazo comercial especificado. Então, você pode amar o que está fazendo apenas para descobrir que o franqueador não quer mais que você administre o negócio.

Comprando uma empresa independente: você é o chefe de tudo

Se você decidir comprar uma empresa independente e não franqueada, terá que tomar todas as decisões. A compra de uma empresa estabelecida oferece muitos dos mesmos benefícios de uma franquia, mas permite que você tenha controle total sobre o futuro da empresa. Do início ao fim, as operações comerciais contarão com seu conhecimento e experiência.

Quando você compra uma empresa existente, tudo já está configurado para você. O local da empresa, fornecedores, operações, modelo de negócios e produtos ou serviços estarão em vigor no minuto em que você assinar a papelada final. Você também terá uma marca existente e (em alguns casos) uma estratégia de marketing à qual recorrer. No entanto, antes de aproveitar a oportunidade, é melhor realizar sua devida diligência e garantir que o negócio será lucrativo no futuro.

Uma das principais vantagens de comprar uma empresa independente em vez de uma franquia é que você não precisa dividir seus lucros. Você também pode operar a empresa pelo tempo que desejar, sem se preocupar em renovar um contrato de franquia. E com total autonomia, você pode deixar sua criatividade e inovação brilharem no marketing e na divulgação de sua marca.

Advertências com empresas independentes

Antes de adquirir uma empresa independente, você deve estar ciente de que não receberá nenhum treinamento formal para operar a empresa. Embora você possa participar de seminários de negócios gerais ou trabalhar com o antigo proprietário durante o processo de transição, você não terá o suporte contínuo de um franqueador.

Você também terá que encontrar investidores e credores se estiver buscando financiamento e capital de giro. Os investidores e credores vão querer ver um plano de negócios que descreva o que sua empresa trata, quais serviços e produtos você oferece, o potencial de mercado atual de três a cinco anos e as receitas de mercado futuras que você gerará. Isso não é problema para empresas existentes que tiveram sucesso consistente. No entanto, se você decidir comprar uma empresa falida, poderá ter dificuldades para obter o financiamento de que precisa.

No final, você terá mais controle de seu negócio, mas também terá que aceitar todos os riscos.

5 pessoas com quem você deve conversar ao comprar uma empresa

Quando você está comprando uma empresa, há muitas perguntas importantes a fazer. No processo de due diligence, você precisa avaliar o valor e a viabilidade de um negócio e precisa solicitar registros financeiros, declarações de impostos e quaisquer declarações de impostos pendentes ou gravames de credores.

Mas tão importante quanto o que perguntar é a quem você pergunta. Você não pode simplesmente confiar no vendedor motivado (também conhecido como proprietário da empresa). Você deve fazer perguntas para criar uma análise clara e concisa da empresa antes de comprar um negócio.

Aqui estão as cinco pessoas chave com quem você precisa falar antes de assinar na linha pontilhada:

1. O proprietário da empresa

Embora seja óbvio que você deve falar com o proprietário da empresa, você pode ter esquecido questões importantes. Fora dos registros financeiros obrigatórios, pergunte ao proprietário como é realmente possuir o negócio. Aqui estão algumas perguntas a serem feitas:
Como é um dia normal?
Quantas horas você dedica a cada semana?
Com que frequência você é chamado para trabalhar?
Seus funcionários são dependentes ou têm autonomia para tomar decisões?
Quem são seus melhores clientes e por quê?
Também é uma boa ideia descobrir por que o proprietário está vendendo o negócio. A melhor resposta possível para essa pergunta é simplesmente aposentadoria. No entanto, se o proprietário não puder explicar por que está vendendo, pode ser um sinal de alerta. É possível que o negócio esteja enfrentando forte concorrência e o proprietário esteja vendendo antes que piore. Pesquise os desenvolvimentos atuais e futuros e siga seu instinto.

2. O Contador

Se a empresa tiver um contador, certifique-se de marcar uma reunião. É importante examinar os registros financeiros da empresa, juntamente com as informações de impostos federais e sobre vendas.

Se a empresa usa software de contabilidade, peça para estar logado para ter certeza absoluta das finanças da empresa.

Você deve verificar se os registros financeiros correspondem aos registros fiscais. Preste atenção especial ao imposto sobre vendas. Muitas empresas locais, especialmente restaurantes, podem reportar de forma insuficiente suas receitas de recebimento de dinheiro para evitar o pagamento de impostos sobre vendas. Infelizmente, se o estado decidir auditar o negócio depois de você comprá-lo, você pode estar em risco para qualquer imposto sobre vendas não pago, que pode chegar a milhares de dólares.

Além disso, anote as áreas em que a empresa pode estar ganhando ou perdendo dinheiro.

3. Os Funcionários

Os funcionários estão sempre por dentro. Você não deve apenas falar sobre o negócio com o proprietário, mas também se reunir com os funcionários atuais.

Os funcionários podem dar uma ideia precisa das operações diárias. Eles podem ajudá-lo a entender a clientela e oferecer sugestões úteis sobre como melhorar o negócio.

4. Os clientes

Antes de comprar uma empresa, reserve um tempo para entrevistar seus clientes. Se a empresa não está atendendo às necessidades dos clientes, é sua tarefa descobrir por que não e se é possível fazer isso.

Você fará isso conversando com vários clientes. Descubra o que eles gostam e não gostam no negócio atual. Pergunte como a empresa pode melhorar suas ofertas. Aqui estão algumas perguntas a serem feitas:

O que a empresa pode fazer melhor?
Qual é a reputação da empresa nesta área?
Como você se sente em relação aos preços dos serviços?
Que outros negócios semelhantes você frequenta?

Qual serviço / item / produto / oferta você gostaria de ver incluído?

5. Os fornecedores

Por último, mas certamente não menos importante, você deve conversar com os fornecedores da empresa. É importante ter certeza de que você pode continuar com os mesmos contratos ou negócios que o proprietário anterior. Alguns fornecedores podem não querer manter o mesmo acordo, e você deve saber disso antes de comprar.

Também é importante saber se há quaisquer ônus ou itens alugados. Idealmente, todos os móveis e equipamentos devem ser propriedade direta e em boas condições de funcionamento.

Você deve iniciar ou comprar seu novo negócio? 12 prós e contras

O caminho para o sucesso empresarial é amplo. Existem todos os tipos de cruzamentos e ramificações que formam milhões de combinações, e nenhum caminho será perfeito para todos. Na verdade, essa é uma grande parte da atração do empreendedorismo para aqueles que se sentem compelidos a embarcar na jornada de propriedade do negócio.

Mas, se você espera chegar ao destino final - sucesso - você não pode simplesmente correr cegamente por qualquer caminho que pareça interessante. Começar e administrar uma empresa exige planejamento e estratégia inteligentes. Então, vamos dar uma olhada em uma das primeiras decisões importantes que todo aspirante a empreendedor precisa tomar para ilustrar como esse tipo de decisão estratégica deve ser feito.

Para iniciar ou comprar seu novo negócio

Para a maioria das pessoas, quando consideram pela primeira vez a ideia de possuir seu próprio negócio, a imagem em sua mente é a de uma startup totalmente nova que foi construída do zero. No entanto, uma vez que o período de planejamento e estratégia começa, muitos desses mesmos empreendedores acabam explorando e, eventualmente, decidindo comprar um negócio ou franquia existente.

Esses dois métodos para se tornar um proprietário de empresa têm seus próprios prós e contras e, como cada caminho nesta jornada, o novo proprietário de empresa é a única pessoa que pode decidir qual caminho é melhor para ele. No entanto, dedicar algum tempo para considerar os aspectos positivos e negativos de cada caminho pode tornar essa decisão mais fácil e com maior probabilidade de resultar em sucesso.

Os prós de começar do zero:

Autonomia (quase) completa. Quando você está construindo uma startup do zero, você está pintando em uma tela em branco e está essencialmente livre para fazer o que quiser ou precisar para que funcione. (Claro, todo fundador de startups é tão livre quanto seus investidores e co-fundadores permitirem, daí o "quase".)

Sem erros para corrigir. Ao criar uma nova empresa, você não ficará atolado em resolver quaisquer problemas remanescentes deixados pelos proprietários anteriores. Sem reputações manchadas para impulsionar, sem problemas de imagem de marca para consertar e sem rancores de longa data para lidar com o pessoal.

Maior potencial para um grande sucesso. Na maioria dos casos, os novos negócios que aparecem no cenário mundial e fazem um grande estrondo são startups. Investidores e consumidores consideram as startups mais intrigantes, então essas empresas recebem mais atenção e, quando essa intriga é combinada com um produto estelar e um marketing matador, é uma ótima fórmula para o sucesso.

Os contras de começar do zero:

O financiamento pode ser um pesadelo. A menos que você já seja rico de forma independente ou esteja disposto e capaz de enfrentar uma difícil fase inicial de inicialização, uma startup exigirá um financiamento significativo. O problema é que o financiamento não é tão fácil de garantir quando tudo o que você tem é uma ideia e um produto protótipo para levar para suas apresentações.

Os investidores exercem forte controle. Embora a construção de uma startup pareça que deve ser tudo sobre o solitário empresário lobo indo com seu instinto e tendo sucesso por puro instinto, a verdade é que o fundador de uma startup deve tomar decisões de acordo com os requisitos estabelecidos por seus investidores. Se não o fizerem, correm o risco de conseguir que o tapete de financiamento seja puxado debaixo deles em um momento crítico.

É um monte de trabalho. É claro que administrar qualquer negócio dá muito trabalho; não há como contornar isso. Mas startups de sucesso são notórias por exigir mais de 100 horas de trabalho por semana de seus fundadores, às vezes durante anos. Mesmo o empresário mais determinado e apaixonado pode lutar com esse tipo de carga de trabalho prolongada.

Os prós de comprar um negócio ou franquia existente:

Você pode começar a correr. Quando você compra um negócio existente ou entra em uma operação de franquia, muitos dos estágios perigosos e difíceis de uma nova startup já ficam para trás. Nos melhores cenários, você pode assumir a propriedade e passar por seu primeiro mês com lucro nos livros igual ou maior que o do proprietário anterior.

Você já tem uma marca estabelecida. Comprar uma empresa ou franquia significa pagar para assumir a propriedade de uma marca estabelecida. Embora o marketing e a marca provavelmente ainda sejam necessários, você não está começando do zero com um nome do qual ninguém nunca ouviu falar e um produto ou serviço que ninguém jamais comprou.

O dimensionamento do negócio é geralmente mais rápido e fácil. Especialmente se você se tornar um franqueado, o trabalho envolvido na compra e gestão de um segundo ou terceiro local é realmente muito menor do que seria para construir um novo negócio e expandir para dois ou três locais, e provavelmente pode ser feito muito mais cedo , também.

Os contras de comprar uma empresa ou franquia existente:

Você está preso aos erros do proprietário anterior. Quer se trate de uma pilha de dívidas não pagas, uma série de problemas de atendimento ao cliente ou uma loja cheia de equipamentos com manutenção insuficiente, os erros do proprietário anterior agora são problema seu. (Dica do especialista: faça a devida diligência antes de assinar na linha pontilhada para evitar a maioria ou todos esses tipos de problemas.)

Se for um único negócio (não uma franquia), eles estão vendendo por um motivo. Isso pode ser difícil porque existem centenas de razões diferentes pelas quais alguém pode decidir vender seu negócio. Mas se eles escolheram vender porque têm motivos para acreditar que a empresa ou a indústria estão decaindo, não é provável que compartilhem isso com um comprador em potencial. (Mais uma vez, a devida diligência e a obtenção de conselhos de especialistas externos podem atenuar este problema.)

A avaliação de negócios é essencialmente uma suposição fundamentada. Embora os especialistas que valorizam as empresas para ganhar a vida sejam muito bons no que fazem e provavelmente acertem com muito mais frequência do que não, determinar o valor de uma empresa é o mesmo que prever o tempo: não importa quão bem informado e meticuloso você seja, são simplesmente fatores demais para se esperar perfeição todas as vezes. Isso significa que você pode descobrir depois do fato de que uma empresa que comprou não vale o que você pagou por ela.

Qual opção é melhor para você?

Esses 12 pontos são apenas exemplos, é claro. Uma lista exaustiva de prós e contras dessa importante decisão provavelmente chegaria às centenas. Mas é o suficiente para fazer um empresário inteligente começar a comparar dois métodos viáveis de obtenção de seu próprio negócio.

Qual é a escolha certa para sua visão, produto e estilo de propriedade exclusivos? Só você pode responder a isso. Seja qual for o caminho que você escolher, será uma aventura. Tome seu tempo no início ao tomar essas primeiras decisões importantes, e você com certeza terá uma jornada empreendedora muito mais agradável e gratificante.

Um guia para adquirir uma empresa de tecnologia em dificuldades

Após anos de avaliações altíssimas, fundos de private equity e compradores estratégicos terão ampla oportunidade de comprar empresas de tecnologia com desconto na esteira da crise do COVID-19. Este artigo destaca as oportunidades e riscos exclusivos associados à aquisição de uma empresa privada de tecnologia em dificuldades.

1. Encontrar ofertas de tecnologia em dificuldades e identificar tomadores de decisão

Além dos pontos de venda tradicionais, os compradores podem acessar alvos potenciais comprando dívidas e outras reivindicações de credores existentes. Se isso for feito cuidadosamente, um comprador pode se transformar de um licitante externo esperançoso em um credor armado com direitos especiais. Especificamente, ser um credor pode permitir que os compradores utilizem as informações e os direitos de inspeção contidos nos contratos de crédito para aprimorar a devida diligência e implementar estruturas legais especiais para concluir uma aquisição, conforme discutido mais adiante.

Uma vez que um alvo tenha sido selecionado, os compradores devem ter o cuidado de identificar os "reais" tomadores de decisão. Essa análise é normalmente direta no contexto sem problemas porque o conselho, a equipe de gestão e os principais acionistas geralmente podem negociar e aprovar um negócio, enquanto os credores são simplesmente reembolsados.

No entanto, no contexto de dificuldades, os credores são um grupo adicional e importante de partes interessadas que podem ditar os termos. Além disso, os compradores que visam empresas com estruturas de dívida em camadas e empréstimos sindicados devem navegar em uma teia de gravames, convênios, remédios e acordos entre credores para determinar qual credor (ou grupo de credores) é necessário para aprovar um negócio.

2. Seleção de uma estrutura para aquisição de uma empresa de tecnologia em dificuldades

As aquisições de empresas de tecnologia em dificuldades são frequentemente estruturadas como uma compra de ativos, e não como uma fusão ou compra de capital. As duas razões principais são: (1) esta estrutura minimiza a suposição do comprador de passivos indesejados do vendedor e (2) o comprador obtém uma base tributária aumentada nos ativos adquiridos. Se a empresa em dificuldades tiver perdas operacionais líquidas significativas que o comprador possa usar (que estão sujeitas às regras de mudança de propriedade do IRS), uma fusão triangular reversa pode fazer sentido.

Mas os negócios podem usar estruturas de aquisição tradicionais ou estruturas dirigidas pelo credor fora ou por meio do tribunal de falências ("fora do tribunal" versus "no tribunal"). Cada estrutura carrega diferentes níveis de despesas de negócios, velocidade de execução e risco de responsabilidade pós-fechamento. Aqui estão os pontos-chave para nove estruturas de aquisição alternativas:

Estrutura de Compra de Ações

Alvo patrimônio adquirido diretamente ou por uma fusão.
O comprador assume indiretamente o risco de todos os passivos alvo.
O comprador deve exigir que o vendedor pague antes de encerrar todas as obrigações conhecidas e receba cartas de pagamento e / ou liberações na medida do possível.
A indenização pode mitigar a responsabilidade, mas o recurso pode ser prejudicado se os acionistas receberem pouca ou nenhuma contraprestação.
O comprador deve considerar a obtenção de representações e seguro de garantia (RWI).

Estrutura de Compra de Ativos

Ativos do vendedor adquiridos (total ou parcialmente).
O Vendedor retém todos os passivos de pré-fechamento, exceto para passivos específicos assumidos pelo Comprador ou operação da lei.
Mesma indenização e considerações de RWI da Estrutura de Compra de Ações acima.
"Acqui-Hire" - Licença e Renúncia

O comprador contrata certos funcionários / prestadores de serviços do vendedor, recebe uma liberação robusta de reclamações e recebe uma licença não exclusiva para usar a propriedade intelectual do vendedor (opcional).

Nenhum patrimônio, ativos ou passivos são transferidos.

Mesma contraprestação de indenização que a Estrutura de Compra de Ações acima.

RWI provavelmente não disponível.

Estrutura cada vez mais popular para empresas apoiadas por VC (que geralmente têm equipes talentosas, mas receita mínima ou propriedade intelectual monetizável).

"ABC" - Cessão para Benefícios de Credores

O vendedor atribui a um cessionário.

O cessionário liquida os ativos e distribui o produto aos credores.

Ativos geralmente transferidos livres e livres de ônus e passivos, exceto para (1) reivindicações de credores seniores à parte executora e (2) risco de que o tribunal de falências possa posteriormente cancelar a venda.

Execução de hipoteca (venda privada)

O credor executa a hipoteca e, em seguida, vende os ativos garantidos do vendedor inadimplentes.

O comprador deve ser um terceiro - o credor em execução não pode comprar ativos (sujeito a exceções limitadas).

Ativos geralmente transferidos livres e desembaraçados de ônus e passivos, exceto para (1) reclamações de credores seniores para encerramento e (2) risco de que o tribunal de falências possa posteriormente cancelar a venda.

Igual à venda de execução hipotecária privada, exceto:

A venda deve ser anunciada e acessível ao público em geral (o que aumenta o tempo do processo de venda).

O credor hipotecário pode licitar / adquirir os ativos (e, portanto, concorre com qualquer comprador).

Menor risco de o tribunal de falências examinar / anular a venda devido a um processo mais justo.

Seção 363 Venda sob o Código de Falências

Processar:

O vendedor encontra um licitante "stalking horse" para adquirir seus ativos. (O licitante "stalking horse" define a oferta inicial sobre os ativos de uma empresa falida.)

Vendedor e stalking horse assinam acordo de compra de ativos (APA), que inclui procedimentos de leilão, direitos de cobertura e taxa de separação / reembolso de despesas.

O vendedor entra com uma ação no tribunal de falências. Pode ser antes ou depois da identificação do cavalo de espreita.

Credores notificados e leilão formal realizado (~ 20-30 dias). Os licitantes propõem o preço de compra e as edições ao stalking horse APA.

O vendedor busca a aprovação do tribunal após a seleção do licitante final.

É necessária a aprovação do credor no que diz respeito à garantia garantida.

Ativos transferidos livres e livres de ônus e passivos.

Planos de falência pré-embalados e pré-negociados

Os credores e a empresa negociam um plano de recuperação antes de entrar com o processo no tribunal de falências, o que permite que a empresa seja vendida em funcionamento.

Plano pré-embalado: voto formal do credor obtido antes do depósito.

Plano pré-negociado: voto do credor não obtido antes do depósito, mas acordos com os principais credores e aprovação de evidências de acordos de bloqueio / suporte.

Os títulos emitidos de acordo com o plano aprovado pelo tribunal isentos de registro nos termos do Securities Act de 1933 e das leis "Blue Sky".

Normalmente mais rápido do que uma falência em "queda livre", em que o devedor arquiva sem nenhum plano.

Pedido de Falência "Queda Livre"

O devedor pede falência sem saída pré-acordada da falência e depende das proteções do Capítulo 11 para negociar com credores e possíveis compradores.

Prazo mais longo para a resolução em comparação com outros processos judiciais.

Evento raro para empresas maiores.

Credores e devedores tentam chegar a um acordo sobre um plano de reorganização.

Os títulos emitidos de acordo com a saída aprovada pelo tribunal isentos de registro nos termos do Securities Act de 1933 e das leis "Blue Sky".

3. Problemas de due diligence em aquisições problemáticas

Em aquisições de empresas de tecnologia em dificuldades, os compradores ainda precisam realizar a devida diligência, mas a diligência pode precisar ser acelerada e limitada. E por causa do coronavírus "ficar em casa ordens", a diligência pessoal pode ser limitada ou difícil.

Os principais problemas de devida diligência incluirão:

Quais responsabilidades devem ser assumidas e quais responsabilidades devem ser especificamente excluídas?
Quais contas a pagar foram diferidas?
Qual a probabilidade de as contas a receber serem cobradas?
Os bens a serem adquiridos estão sujeitos a ônus ou gravame de terceiros?
Qual é a condição dos ativos?
Como a rotatividade de funcionários afetou a capacidade de continuidade do negócio?
Que litígio está pendente ou ameaçado?
Quais contratos-chave precisam ser assumidos e esses contratos precisam ser renegociados?
Quais riscos legais relacionados ao COVID-19 (como risco de litígio) a empresa-alvo enfrenta?
O vendedor está cumprindo as ordens federais, estaduais e locais relacionadas à pandemia?
Existem riscos na cadeia de abastecimento?
O vendedor está cumprindo as leis de saúde e segurança no que diz respeito a seus locais de trabalho e funcionários, tendo em vista o perigo representado pela pandemia?
Como a propriedade intelectual chave deve ser transferida e sujeita a quais licenças de terceiros ou outros direitos?
Quais são os direitos de rescisão nos contratos principais? Os contratos do vendedor incluem cláusulas de "força maior" que podem

permitir a ele ou a contraparte rescindir o contrato ou suspender o cumprimento ou o pagamento?

Os principais clientes do vendedor continuarão com o comprador? Qual é a situação financeira desses clientes?

Quais problemas de TI, segurança cibernética e violação de dados o vendedor encontrou? O vendedor teve problemas com a interferência de hackers em videoconferências ou tomou medidas para evitar esse risco?

4. Questões-chave adicionais nas aquisições de empresas de tecnologia em dificuldades

Uma vez que uma estrutura tenha sido selecionada e as partes estejam em modo de execução, os compradores devem assumir as seguintes questões no sprint até o fechamento. Os compradores não podem presumir que a equipe de gerenciamento de um vendedor será investida na transação ou devidamente focada nessas questões, porque eles provavelmente receberão uma consideração de negócio abaixo do ideal ou simplesmente abandonarão um "navio afundando" completamente renunciando. Além disso, ao contrário de um negócio sem dificuldades, os compradores provavelmente terão recursos limitados ou nenhum recurso contra a venda de acionistas por reivindicações ou passivos pós-fechamento. Simplificando, muitos problemas do vendedor tornam-se problemas do comprador.

Deveres fiduciários. Como acontece com qualquer negócio potencialmente contencioso, as partes devem garantir que os diretores e executivos do vendedor cumpram seus deveres fiduciários, a fim de evitar reclamações de credores e acionistas que podem atrapalhar um negócio ou assombrar os compradores por anos após o fechamento. Isso é especialmente importante em transações conflitantes nas quais um acionista ou credor existente é o comprador ou recebe tratamento especial. Consulte Financiando uma empresa privada em dificuldades: Redução de riscos nas rodadas internas para uma breve discussão sobre deveres fiduciários e ferramentas de mitigação de risco para transações conflitantes, como o uso de comitês independentes, votos informados de acionistas e avaliações e opiniões independentes.

Seguro D&O, Exculpação e Indenização. Além de tomar as precauções anteriores para reduzir o risco de reivindicação fiduciária, as partes também devem garantir que os documentos organizacionais do vendedor isolem adequadamente os diretores e executivos com isenção, indenização e cláusulas de promoção, e que essas obrigações sejam adequadamente protegidas por D&O robusto seguro. Consulte Tempo para revisar as proteções de responsabilidade de D&O em empresas privadas em dificuldades para obter uma revisão mais detalhada das ferramentas de mitigação de diretores e executivos.

Serviços de transição. Os compradores devem considerar cuidadosamente quais serviços de transição serão necessários após o fechamento. Esses custos podem ser substanciais e impactar o preço geral do negócio porque o vendedor pode não ser capaz de fornecer quaisquer serviços de transição e toda a força de trabalho pode ser rescindida no fechamento.

Problemas de transferência fraudulenta. O comprador de uma empresa de tecnologia em dificuldades corre o risco de que a venda seja posteriormente considerada uma "transferência fraudulenta" e posta de lado. De acordo com a lei federal, a lei estadual e / ou o Código de Falências dos EUA, a venda pode ser anulada mediante a demonstração por credores insatisfeitos ou por um administrador da falência após um pedido de falência de que houve fraude "real" (ou seja, a venda foi realmente pretendia impedir, atrasar ou defraudar os credores) ou fraude "construtiva" (ou seja, a venda foi feita por uma contraprestação menos do que o justo ou valor razoavelmente equivalente, e o alvo estava insolvente no momento, ou se tornou insolvente por, o venda). O advogado que trabalha com o comprador pode limitar esse risco criando um registro apropriado e estruturando como os recursos podem ser usados para garantir que os credores sejam protegidos.

Garantia ou retenção de uma parte do preço de compra. Um comprador pode querer reter ou custodiar uma parte do preço de compra para levar em consideração qualquer proteção de indenização do comprador nos termos do contrato de aquisição. No contexto de M&A em dificuldades, uma retenção ou escrow muitas vezes serve como a única fonte de recuperação pós-fechamento do comprador, porque o vendedor e seus acionistas podem ser incapazes ou não dispostos a cumprir as obrigações de indenização. Se o vendedor concordar com o depósito ou retenção, ele tentará negociar por um curto período de tempo para que o depósito ou retenção dure.

Consentimentos de terceiros. A venda de uma empresa de tecnologia em dificuldades frequentemente exigirá uma série de consentimentos de terceiros, incluindo: (1) os acionistas do vendedor e o conselho de administração; (2) contrapartes dos principais contratos comerciais do vendedor; (3) o senhorio consente se algum arrendamento deve ser cedido; e (4) credores ao vendedor (incluindo quaisquer liberações de ônus relacionadas).

Obstáculos regulatórios. O comprador precisa revisar se quaisquer obstáculos regulatórios devem ser resolvidos. Por exemplo, a Lei Federal Hart-Scott-Rodino deve ser examinada quanto a quaisquer questões antitruste, assumindo que os limites em dólares sejam atendidos na transação. Para compradores estrangeiros, um registro no Comitê de Investimento Estrangeiro nos Estados Unidos (CFIUS) pode ser prudente ou obrigatório. O CFIUS tem jurisdição para revisar as implicações de segurança nacional de aquisições de empresas dos EUA por uma parte estrangeira, especialmente da China. Outros obstáculos regulamentares devem ser analisados em conexão com bancos, empresas de serviços financeiros, organizações de saúde e outras empresas regulamentadas.

Remuneração de funcionários. Os compradores devem fazer com que os vendedores paguem integralmente todos os salários e outros valores devidos aos funcionários. Além de graves danos à reputação e aos funcionários, um comprador pode ser responsável pelo pagamento desses valores, e os diretores e executivos dos vendedores podem enfrentar responsabilidade pessoal sob as leis de salários e horas de trabalho federais e estaduais para cada

CAPÍTULO 14 Como construir uma empresa e depois vendê-la

"Sucesso é a soma de pequenos esforços, repetidos o tempo todo"
Robert Collier

Imagine isso. É uma linda tarde de sábado e você e sua esposa estão vagando pelo mercado local. Você se depara com um marceneiro exibindo lindas tábuas de corte e decide comprar uma.

Não há preços listados, então você vai e volta com o artesão por alguns segundos, determinando o valor da peça.

Para o artesão, a tábua de corte em questão representa anos de estudo dedicado, horas de esforço concentrado e um apego emocional à sua obra de arte. Para você, a tábua em questão representa oportunidades futuras de refeições compartilhadas com sua família e amigos.

Ambos valorizam a peça, mas de maneiras diferentes.

Depois de uma breve discussão, um preço é acertado, o dinheiro é trocado e você e seu cônjuge voltam para o carro e voltam para casa.

Agora imagine isso. Aquele marceneiro, tão preocupado com sua criação e como ela será cuidada após a venda, segue você para fora do mercado, sobe no carro com você e se instala em sua casa. Cada vez que você vai usar a tábua de cortar, o marceneiro tem pensamentos e opiniões. Ele tenta ditar como você usa sua criação. Parece loucura, certo?

Acho que sim, mas, surpreendentemente, é exatamente isso que a maioria dos proprietários de negócios faz com suas empresas.

Recentemente, ajudei uma amiga a fundar e vender uma empresa, transformando um investimento relativamente baixo em uma pequena fortuna. Após a venda, lembro dela pegando seu cheque e indo embora, como uma vendedora de mercado.

Muitos fundadores que conheço agem mais como fornecedores irracionais. Eles pintam as mãos no tabuleiro e nunca conseguem se afastar.

Se você quiser evitar entrar no carro e ir para a casa de outra pessoa, ouça meu conselho. É assim que se inicia um negócio e depois o vende. De forma limpa.

Como construir uma empresa e depois vendê-la

Etapa 1: Prove seu modelo de negócios

A chave para começar um negócio de venda é priorizar a lucratividade. Faça tudo o que puder para ganhar dinheiro no primeiro dia.

Muitos empresários pensam que é aceitável viver no vermelho, esperando que o volume de negócios torne seus negócios lucrativos. Embora isso seja certamente possível, não é a maneira mais fácil ou eficiente de fazer isso.

Em vez disso, esforce-se para criar um produto ou serviço que gere lucro imediatamente. Dessa forma, você não terá absolutamente nenhum problema com escala. Se você ganhar dinheiro com uma unidade vendida, ganhará dinheiro com um milhão de unidades vendidas.

É vital entender que o modelo de negócios que você imagina raramente é o modelo de negócios que você criou. Você pode estar apaixonado por sua ideia, mas se o mercado não estiver interessado ou seu produto ou serviço não tiver preço, você nunca terá lucro.

Flexibilidade é a chave. Não pendure seu chapéu na sua primeira ideia. Em vez disso, fique de olho na lucratividade e ajuste seu modelo de negócios até atingir essa meta. Eu sempre disse que o negócio que você se propôs a abrir quase nunca é o negócio que você fecha - e tudo bem. A flexibilidade a serviço da lucratividade é realmente o único caminho a percorrer.

Etapa 2: contrate pessoas em quem você confia e ensine-lhes tudo o que você sabe

No início de qualquer empreendimento, você precisa estar sempre muito ativo. Você deve saber absolutamente tudo o que está acontecendo a qualquer momento e deve ser o primeiro a investigar um problema quando ele surgir.

A propriedade total no início é vital, mas esse estágio termina muito mais cedo do que a maioria das pessoas pensa. Depois que seu modelo de negócios for comprovado e começar a crescer, você deve se afastar e passar o gerenciamento para outra pessoa.

A maioria dos fundadores acha desconfortável dar um passo para trás. Eles presumem que seu envolvimento é o "molho secreto" que faz o negócio funcionar, mas isso é uma farsa. Se você não pode replicar seu modelo de negócios sob a gestão de outra pessoa, então, para começar, seu modelo de negócios nunca funcionou.

Em vez de permanecer arraigado nas operações do dia a dia da sua empresa, contrate pessoas em quem você confia, pessoas inteligentes e de bom senso, e deixe-as assumir a liderança. Ensine-lhes tudo o que você sabe, oriente-os sobre como administrar o negócio de uma maneira que funcione e depois vá embora. É difícil, mas é a única maneira de garantir que você possa vender o negócio com eficácia.

Etapa 3: Venda o negócio, mas não se venda

Esta etapa é uma extensão natural da segunda. Quando se trata de vender seu negócio, você não deve vender sua própria experiência ou envolvimento. Você deve vender um negócio que construiu e que agora está funcionando de maneira eficaz sem você.

Quando você aborda firmas de private equity e empresas maiores, deve ser capaz de falar com o negócio como uma entidade separada.

Se você continuar no negócio e convencer seus compradores de que a empresa não poderia operar sem você, é provável que eles façam com que seu serviço contínuo seja parte do negócio. Se você se vender junto com um negócio em funcionamento, os compradores irão combinar seu envolvimento com o sucesso. Já vi muitos empreendedores brilhantes ficarem presos em cargos em empresas que construíram simplesmente porque convenceram seus compradores de que eram cruciais para a lucratividade do negócio.

Em contraste, consegui vender negócios e ir embora completamente. Concentro-me em construir negócios que prosperem sem mim e, dessa forma, me liberto para buscar novos empreendimentos.

Em caso de dúvida, lembre-se do exemplo do artesão do mercado. Ninguém quer que o artesão volte para casa com eles, então por que uma empresa vendida quer manter seu criador por perto? Seu objetivo deve ser sempre construir algo funcional e desejável.

Você está pronto para construir uma empresa que possa vender?

Depois de vender seu negócio, seu trabalho está feito. Embora seja um conselho não convencional na esfera das startups, tem sido um caminho muito confiável para o sucesso de muitos empreendedores. Comece algo lucrativo, prove em grande escala e vá embora.

VENDER SEU NEGÓCIO? 7 ETAPAS PARA AUMENTAR SEU VALOR?

Você está pensando em vender seu negócio? Esteja você pensando em vender em alguns meses ou anos, vender uma empresa pelo melhor preço exige trabalho preparatório. Comece a planejar agora para uma venda futura.

Vou compartilhar agora sete etapas que você pode seguir agora para aumentar o valor de sua pequena empresa antes de decidir vendê-la.

1. Aumente sua lucratividade

Os investidores em potencial precisarão de uma prova de que seu negócio é lucrativo. Se você puder mostrar a eles que os lucros continuarão com tendência de alta, você poderá vender por um preço mais alto. Procure lugares onde você possa reduzir custos e criar eficiências

2. Crie fluxos de receita recorrente

Encontre maneiras de aumentar as vendas e a receita, especialmente a receita recorrente, que gerará receita para o novo proprietário - desde o início. Isso pode incluir o reforço de quaisquer contratos pendentes de cliente ou fornecedor, dando ao novo proprietário da empresa a tranquilidade de que terá um fluxo de receita consistente à medida que se acostumar a administrar seu novo negócio.

3. Estabelecer processos

Instituir e documentar processos regimentados, que permitem que a empresa funcione de forma eficaz sem o seu envolvimento, fará com que os compradores se sintam à vontade. Os potenciais investidores precisam ser convencidos de que, muito depois de você ter feito sua saída, o negócio continuará a prosperar e funcionar sem problemas.

4. Cultive uma força de trabalho de alta qualidade

Os novos proprietários não querem lidar com a rotatividade de funcionários, especialmente quando eles são novos no negócio. Trabalhadores experientes trazem equilíbrio e estabilidade e ajudam a gerar lucro. Você pode aumentar o valor da sua empresa cultivando ativamente uma força de trabalho de alta qualidade.

5. Destaque e diferencie seus produtos ou serviços

As empresas com produtos e serviços diferenciados têm uma posição única para dominar uma parte do mercado. Eles têm uma vantagem sobre seus concorrentes e, portanto, podem exigir um preço mais alto. Você pode fazer isso desenvolvendo e promovendo qualquer propriedade intelectual, patentes ou outro recurso exclusivo de seus produtos ou serviços.

6. Identificar e destacar ativos tangíveis e intangíveis

É essencial listar e definir o preço de todos os ativos físicos de sua empresa, incluindo móveis, utensílios, equipamentos e estoque. Mas também considere o valor de seus ativos intangíveis - coisas como contratos e acordos, relacionamentos com clientes, reconhecimento de marca e muito mais. Cada ativo imaterial que contribui para a linha de lucro de sua empresa tem o potencial de aumentar seu preço.

7. Mitigar seus riscos

Coloque-se no lugar do comprador. Faça o possível para aumentar o valor da sua empresa. Seus registros financeiros são precisos e atualizados? As suas instalações têm o melhor aspecto? Existem pontas soltas que você precisa resolver antes de listar sua empresa? Os compradores preferem negócios que apresentem baixos riscos e grandes recompensas.

Seguir essas etapas importantes não só aumentará o valor de sua empresa, mas também aumentará suas vendas, aumentará suas margens de lucro e a ajudará a se destacar de seus concorrentes. Na hora de vender, seu negócio será mais atraente para os compradores e terá um preço mais alto.

CAPÍTULO 15 O sucesso nas negociações comerciais ao vender o seu negócio

*"O segredo do sucesso
é a constância do propósito"
Benjamin Disraeli*

Para negociar com sucesso um negócio, você precisa estar preparado, ser observador, profissional e muito mais. Neste artigo, apresento várias dicas para conduzir negociações comerciais e fechar negócios.

1. Ouça e entenda os problemas e pontos de vista da outra parte

Alguns dos piores negociadores que conheci são os que falam, parecendo querer controlar a conversa e expor interminavelmente os méritos de sua posição. Os melhores negociadores tendem a ser aqueles que realmente ouvem o outro lado, entendem seus principais problemas e pontos quentes e, em seguida, formulam uma resposta apropriada. Tente entender o que é importante para o outro lado, quais são as limitações que eles podem ter e onde podem ter flexibilidade. Evite falar muito.

2. Esteja preparado

Estar preparado para negociações comerciais envolve uma série de coisas que você pode precisar fazer, como:

Revise e entenda completamente os negócios da outra parte revisando seu site, seus comunicados à imprensa, artigos escritos sobre sua empresa e assim por diante. Uma pesquisa completa no Google e no LinkedIn é aconselhável aqui.

Reveja o histórico da pessoa com quem você está negociando, analisando qualquer biografia no site da empresa, o perfil da pessoa no LinkedIn e fazendo uma pesquisa na web

Reveja quais negócios semelhantes foram concluídos pela outra parte e seus termos.

Compreenda as ofertas e preços dos concorrentes da parte com a qual você está negociando.

3. Mantenha as negociações comerciais profissionais e corteses

Isso também é conhecido como a regra "não seja um idiota". Ninguém realmente deseja fazer negócios com uma personalidade difícil ou abusiva. Afinal, mesmo depois de concluídas as negociações comerciais, você pode querer fazer negócios com essa pessoa novamente, ou a transação pode exigir envolvimento contínuo com o representante da outra parte. Estabelecer um bom relacionamento de longo prazo deve ser um dos objetivos da negociação. Um tom colaborativo e positivo nas negociações comerciais tem mais probabilidade de resultar em um andamento para o fechamento.

4. Compreenda a dinâmica do negócio

Compreender a dinâmica do negócio é crucial em qualquer negociação. Portanto, esteja preparado para determinar o seguinte:

Quem tem vantagem na negociação?
Quem quer mais o acordo?
Quais são as restrições de tempo que o outro lado enfrenta?
Quais alternativas o outro lado tem?
O outro lado receberá um pagamento significativo de você? Nesse caso, a vantagem tenderá a estar do seu lado.

5. Sempre rascunhe a primeira versão do acordo

Um princípio absolutamente fundamental de quase qualquer negociação é que você (ou seus advogados) deve preparar a primeira minuta do contrato proposto. Isso permite que você defina como o negócio deve ser estruturado, implemente os pontos-chave que você deseja que não foram discutidos e ganhe impulso ao seu lado. A outra parte ficará relutante em fazer alterações extensas em seu documento (a menos que seja absurdamente unilateral) e, portanto, você já terá vencido parte da batalha começando com seus termos preferidos. Dito isso, você deseja evitar iniciar negociações comerciais com um acordo com o qual a outra parte nunca concordará. O equilíbrio é a chave aqui.

6. Esteja preparado para "jogar pôquer" e pronto para ir embora

Você deve ser capaz de jogar pôquer com o outro lado e desistir se os termos do acordo não forem do seu agrado. É mais fácil falar do que fazer, mas às vezes é fundamental para chegar ao fim do jogo. Saiba antes de começar qual é o seu preço-alvo ou preço residual. Esteja preparado com dados de mercado para comprovar porque seu preço é razoável, e se você for confrontado com um ultimato com o qual você absolutamente não pode viver, esteja preparado para ir embora.

7. Evite a má estratégia de "negociar por conceder continuamente"

Anos atrás, uma empresa com a qual eu estava envolvido estava desesperada para se vender. O CEO estava convencido de que determinado comprador em potencial era o adquirente ideal e queria fechar negócio com ele. Mas o comprador continuou surgindo com novas demandas irracionais, e o CEO continuou cedendo a essas demandas na esperança de chegar a um fechamento. Então, o que o comprador fez? Aprendeu que poderia simplesmente continuar pedindo coisas mais irracionais e que o CEO sempre acabaria cedendo.

Nove meses e US $ 1 milhão em honorários advocatícios depois, a empresa ainda não tinha um acordo. Então, assumi as negociações e disse ao comprador que não estávamos mais interessados nos termos que eles estavam propondo e que iríamos embora, a menos que o preço e os termos do negócio melhorassem muito para nós. Naquela época, o próprio comprador havia gasto uma grande quantidade de honorários advocatícios e tempo de gerenciamento para chegar a um acordo e entrou em pânico com a perspectiva de perder o negócio. Então, eles concederam praticamente todos os pontos que eu queria, incluindo um aumento no preço de compra, e fechamos o negócio em 45 dias. Portanto, a lição foi que conceder pontos continuamente (sem receber nada em troca) pode levar ao oposto exato do que você espera. Se você está concedendo um ponto, certifique-se de tentar obter algo em troca.

8. Lembre-se de que o tempo é inimigo de muitos negócios

Você tem que entender que quanto mais tempo um negócio leva para ser concluído, maior a probabilidade de que algo aconteça e o descarrile. (A atual pandemia de COVID-19 afastou muitos negócios pendentes.) Portanto, seja rápido ao responder, peça ao seu advogado para rever os documentos rapidamente e mantenha o ímpeto do negócio em movimento. No entanto, isso não significa que você deve se apressar nas negociações comerciais e fazer concessões que não precisa fazer. Entenda quando o tempo está do seu lado e quando o tempo pode ser seu verdadeiro inimigo.

9. Não se fixe no negócio à sua frente e ignore as alternativas

Em muitas situações, você deseja ter alternativas competitivas. Isso pode melhorar sua posição de negociação e permitir que você tome a melhor decisão sobre como proceder. Por exemplo, se você está se engajando em um processo para vender sua empresa, a melhor coisa a fazer é ter vários licitantes em potencial à mesa. Você deseja evitar ser preso em negociações exclusivas com um licitante até que tenha chegado a um acordo quanto ao melhor preço e termos disponíveis. Da mesma forma, se você está procurando comprar um produto, alugar um espaço de escritório ou adquirir um empréstimo para seu negócio, muitas vezes você se sairá melhor se tiver alternativas - e a outra parte sabe que tem concorrentes viáveis. Ao negociar simultaneamente com duas ou mais partes, muitas vezes você pode obter melhores preços ou melhores termos contratuais.

10. Não se preocupe com um único problema

Você deseja evitar ficar preso a um problema aparentemente intratável. Às vezes, é melhor sugerir que uma questão seja deixada de lado por enquanto e ambas as partes avancem para fazer progresso em outras questões. Uma solução criativa pode chegar a você mais tarde, fora do calor da negociação.

11. Identifique quem é o verdadeiro tomador de decisões

Você quer entender que tipo de autoridade tem a outra pessoa com quem está negociando. Ele ou ela é o tomador de decisão final? Recentemente, passei por um longo e infrutífero conjunto de negociações comerciais com uma pessoa que sempre me dizia que não tinha autoridade para concordar com uma série de pontos que estávamos negociando. Ele poderia me dizer "não" aos meus pedidos, mas não tinha a capacidade de me dizer "sim". Minha solução (porque eu tinha influência) foi encerrar a conversa e dizer que, para avançarmos, eu precisava negociar com quem estava autorizado a tomar decisões e fazer concessões.

12. Nunca aceite a primeira oferta

Muitas vezes é um erro aceitar a primeira oferta do outro lado. Por exemplo, se você está vendendo sua casa e recebe uma oferta, considere contra-atacar com um preço mais alto ou melhores condições (mesmo se não houver outras ofertas). Se você não se opor, a outra parte ficará preocupada com o fato de ter oferecido muito e pode acabar com o remorso do comprador e tentar sair do negócio. E os compradores esperam que haja um contra-ataque, pois esperam que sua primeira oferta seja rejeitada. A maioria dos compradores deixará espaço em sua primeira oferta para subir pelo menos de 5% a 15% no preço, dependendo da situação. As contra-ofertas e algumas negociações de ida e volta provavelmente farão com que as duas partes fiquem satisfeitas por terem fechado o melhor negócio que poderiam e, portanto, mais comprometidas em fechar o negócio.

13. Faça as perguntas certas

Não tenha medo de fazer muitas perguntas à outra parte. As respostas podem ser informativas para as negociações comerciais. Dependendo do tipo de negócio, você pode perguntar:

Este é o melhor preço ou oferta que você pode me dar?
Que garantias tenho de que seu produto ou solução realmente funcionará para mim?
Quem são seus concorrentes? Como seus produtos se comparam?

O que mais você pode incluir no negócio sem nenhum custo para nós? (Uma pergunta particularmente útil para fazer aos revendedores de automóveis.)
Qual é o momento desejado para o negócio?
Como nosso negócio o beneficia?
Queremos evitar formas de contratos ou advogados não razoáveis de sua parte. Como podemos garantir isso?

14. Prepare uma Carta de Intenções ou Folha de Termos para refletir o seu negócio

Muitas vezes é útil, no momento apropriado, preparar uma Carta de Intenções ou Folha de Termos para refletir sua visão dos principais termos de um negócio. Isso pode ajudar a agilizar a obtenção de um acordo, economizar em custos jurídicos e continuar o ímpeto para um negócio. É mais informal do que um acordo definitivo e mais fácil de se chegar a um acordo. Por exemplo, cartas de intenções são frequentemente preparadas e acordadas em conexão com fusões e aquisições (consulte Como negociar uma carta de intenções de aquisição de negócios).

15. Obtenha a ajuda dos melhores consultores e advogados

Se for um negócio grande ou complicado, você quer experiência real de sua parte, ajudando você nas negociações e na redação do contrato. Por exemplo, se você está vendendo sua empresa, geralmente vale a pena contratar um banqueiro de investimentos que conheça seu setor e tenha relacionamentos com compradores em potencial. Se você está fazendo um negócio imobiliário, quer um advogado imobiliário experiente que tenha feito muitos negócios como aquele em que você está trabalhando (e não um advogado clínico geral). Se estiver fazendo uma transação de M&A, você quer um advogado que tenha feito 50 ou 100 transações de M&A (e não um advogado de negócios em geral). Esses consultores não são baratos, mas valem a pena se você encontrar o certo.

Fusões e aquisições: 15 considerações importantes para o conselho interno

Empresas de capital fechado que buscam a venda de sua empresa precisam estar preparadas para as questões complexas e demoradas que surgirão e para as muitas decisões materiais que precisarão tomar para realizar uma transação com sucesso. O Conselho Geral da empresa e outros consultores jurídicos internos serão chamados como atores-chave para garantir que uma venda tranquila e bem-sucedida possa ocorrer.

Agora eu lhe apresento várias das principais considerações estratégicas, de negociação e de diligência envolvidas na venda típica de uma empresa privada e as etapas que o advogado interno da empresa pode tomar para melhor compreender, preparar e abordar essas considerações e assuntos relacionados.

1. Sala de dados "virtual" online

Uma "sala de dados online" ou "sala de dados virtual" é um armazém online de documentos importantes sobre uma empresa e seus negócios. As salas de dados online são frequentemente usadas em conexão com transações de fusão e aquisição (M&A) para facilitar o extenso processo de due diligence normalmente realizado por adquirentes. A sala de dados online é preenchida com documentos importantes da empresa de vendas, incluindo contratos, informações de propriedade intelectual, informações de funcionários e benefícios, informações de clientes e fornecedores, demonstrações financeiras, tabela de capitalização e muito mais. A sala de dados online permite que a empresa vendedora forneça informações valiosas de forma controlada que ajuda a preservar a confidencialidade, evita a necessidade de uma sala de dados física onde os documentos devem ser mantidos e ajuda a agilizar e agilizar um processo de M&A.

As regras de acesso que se estabelecem em relação à sala de dados online podem permitir o acesso a todos os documentos ou apenas a um subconjunto de documentos, e apenas a indivíduos pré-aprovados, e podem permitir ou limitar a impressão ou download de documentos. A maioria das salas de dados online também permite que o vendedor, seu advogado e banqueiros de investimento revisem quem esteve na sala de dados, quantas vezes essa parte esteve na sala de dados e as datas de entrada na sala de dados, e ajudar a equipe da empresa de vendas para entender melhor quais tópicos de diligência são de maior interesse para o adquirente e seus consultores.

Estabelecer e preencher a sala de dados online em tempo hábil no início do processo de M&A é extremamente importante para uma transação de M&A bem-sucedida. A preparação de um data room completo é uma tarefa demorada e o envolvimento e a liderança do conselho interno da empresa de vendas são essenciais. Em alguns casos, o advogado interno pode já estar ciente e ter acesso aos documentos necessários, mas em muitos casos, outros funcionários-chave bem informados terão de ser responsáveis pela coleta ou criação de tais documentos.

A falha em ter um data room completo pronto quando os licitantes estão buscando iniciar ou concluir sua devida diligência retardará ou potencialmente encerrará uma transação de M&A. A sala de dados online deve ser preparada em conjunto com, e as informações nele devem ser consistentes com, os cronogramas de divulgação da empresa vendedora que serão anexados ao contrato de aquisição. Conforme descrito abaixo, cronogramas de divulgação completos e precisos são essenciais para obter uma aquisição concluída com sucesso.

2. Cronogramas de divulgação

Cronogramas de divulgação são parte integrante de qualquer transação de M&A. As programações de divulgação contêm informações exigidas pelo contrato de aquisição - normalmente uma lista de contratos importantes, propriedade intelectual, informações de funcionários e outros assuntos materiais, bem como exceções ou qualificações para as representações detalhadas e garantias da empresa de venda contidas no contrato de aquisição.

Cronogramas de divulgação incorretos, incompletos ou enganosos podem resultar em violação do contrato de aquisição e responsabilidade potencialmente significativa para a empresa vendedora ou seus acionistas e, em casos extremos, pode permitir que o adquirente se afaste da aquisição antes de fechar. Por outro lado, cronogramas de divulgação bem elaborados fornecerão proteção substancial contra alegações pós-fechamento de que a empresa de vendas violou suas representações e garantias.

Como cronogramas de divulgação mal preparados têm o potencial de causar danos à empresa vendedora e seus acionistas, é importante que sejam compilados cuidadosa e exaustivamente. Os cronogramas de divulgação preparados no último minuto provavelmente serão incompletos ou inadequados, criando problemas para fechar um negócio ou injetando riscos desnecessários na transação. Se uma divulgação material que deveria ter sido feita anteriormente vier à tona mais tarde no processo, ela também pode levar a uma renegociação dolorosa pelo adquirente do preço de venda ou de outros termos materiais da transação.

Normalmente, o processo do cronograma de divulgação é realizado sob a supervisão do advogado interno da empresa vendedora, trabalhando em conjunto com o consultor jurídico externo de M&A. Como os cronogramas de divulgação podem exigir uma quantidade significativa de tempo para serem montados, a preparação dos rascunhos iniciais deve ser realizada no início do processo, idealmente antes mesmo que o contrato de aquisição seja distribuído. Não é incomum que cronogramas de divulgação passem por uma dúzia ou mais rascunhos no processo de negociação do contrato de aquisição com o adquirente e seu advogado.

3. Reter um consultor jurídico especializado externo em M&A

É extremamente importante para um processo de M&A bem-sucedido que a empresa de vendas contrate um advogado externo especializado em fusões e aquisições e que o advogado interno estabeleça uma boa relação de trabalho com esse advogado externo. A equipe jurídica externa deve incluir não apenas advogados experientes em fusões e aquisições, mas também especialistas em áreas de especialização apropriadas (como impostos, benefícios para funcionários, mão de obra, imóveis, propriedade intelectual e antitruste).

As transações de M&A envolvem acordos e estruturas de negócios complexos e multifacetados, bem como questões jurídicas desafiadoras. Eles são tipicamente rápidos e contenciosos. Para ser eficaz, um advogado de M&A deve estar intimamente familiarizado com as realidades de negócios das negociações de M&A e com o funcionamento interno do contrato de aquisição. Ele ou ela deve ter total domínio da lei substantiva aplicável e deve ser um consultor, negociador e redator qualificado. Um negócio de M&A significativo exige um advogado experiente e focado fora de M&A que "esteve lá, fez isso". É muito difícil ser eficaz como advogado de fusões e aquisições de "meio período".

O preconceito do advogado interno pode muitas vezes ser usar o advogado externo do dia a dia da empresa para a transação de M&A, mas a menos que esse advogado tenha experiência significativa em F&A, esta pode não ser a melhor escolha. No entanto, o conselho externo existente certamente pode fazer parte da equipe, dada sua familiaridade com a tabela de capitalização da empresa, ofertas de títulos anteriores e contratos corporativos. O melhor conselho externo de M&A, se uma empresa diferente do conselho existente da empresa, será capaz de desenvolver e recomendar um processo colaborativo que melhor atenda à empresa e inspire confiança no conselho interno de que cada elemento da transação será tratado com habilidade e eficientemente.

4. Negociar a Carta de Compromisso do Banqueiro de Investimento

Empresas de capital fechado que buscam um processo de venda costumam contratar banqueiros de investimento experientes, e a compensação e outros termos materiais entre a empresa e o banqueiro são refletidos em uma "carta de compromisso". A forma de carta de compromisso oferecida pelos banqueiros de investimento é frequentemente unilateral em favor do banqueiro, então aqui estão algumas dicas para o advogado interno considerar no processo de negociação:

Use um conselho externo de M&A para revisar e negociar a carta de contratação do banqueiro de investimento. Verifique se você está recebendo os serviços de consultoria financeira de que precisa e se está pagando o valor adequado por esses serviços. Entre outras coisas, a carta de contratação deve prever expressamente a entrega de uma opinião imparcial ao conselho da empresa, se seu advogado externo de M&A avisar que você pode precisar de um. Especialista fora do conselho de M&A também tem experiência na revisão das disposições de compensação (incluindo fórmulas associadas) e as disposições de rescisão na carta de contratação com cuidado, que são normalmente complexas e muitas vezes incluem disposições "finais" sob as quais taxas substanciais podem ser devidas após a rescisão (mesmo se outro banqueiro foi posteriormente contratado). Além disso, um advogado externo de M&A pode ajudá-lo a obter e revisar informações sobre taxas bancárias cobradas em negócios semelhantes de tamanho comparável, tanto por meio de fontes disponíveis ao público quanto por meio de sua própria experiência.

Deixe que um advogado externo de M&A negocie a carta de contratação em seu nome. Se necessário, deixe que eles sejam os "bandidos" e ajude você a manter um bom relacionamento com seu banqueiro. (Não se preocupe, eles estão acostumados a desempenhar esse papel e os banqueiros também vão entender isso.)

Não aceite declarações de que a carta de contratação está "escrita em pedra" ou que as disposições são "clichê". Tudo é negociável, principalmente em um mercado difícil para os banqueiros de investimento. Embora os banqueiros possam resistir às disposições relativas aos seus potenciais conflitos de interesse, casos recentes de Delaware destacam a importância de lidar com a questão dos conflitos na carta de contratação. Assim como é importante para a empresa ter um conselho externo de M&A que esteja livre de conflitos materiais, é igualmente crítico que os consultores financeiros da empresa sejam motivados exclusivamente pelos melhores interesses da empresa.

Se os membros de sua equipe de gestão ou representantes do banqueiro reclamarem que seu advogado externo de M&A está "exagerando" o contrato, lembre-se de que você está começando com um formulário unilateral originalmente preparado pelo conselho do banqueiro de investimento Existem muitas disposições em que o resultado apropriado e mais comum se desvia significativamente da forma inicial.

5. Tome as medidas necessárias para manter o negócio confidencial

A confidencialidade é crítica para qualquer negócio de sucesso, e em transações de M&A a confidencialidade torna-se ainda mais importante. Vazamentos matam negócios. Proteger a confidencialidade de uma transação (tanto quanto à existência do processo de venda e os termos da transação proposta) é frequentemente crítica para seu sucesso. A divulgação prematura de um negócio, seja para funcionários, para um concorrente, para um licitante concorrente em potencial, para um cliente ou para uma agência governamental, pode ter consequências negativas e não intencionais significativas. Aqui estão algumas dicas a esse respeito para o conselho interno:

Certifique-se de que todos os licitantes em potencial assinaram um acordo de sigilo apropriado, incluindo disposições de "não solicitação" que proíbem o licitante de solicitar ou contratar funcionários de sua empresa (ou pelo menos seus funcionários-chave) por um período de tempo apropriado.

Estabeleça "codinomes" para a transação e as partes e assegure-se de que esses codinomes sejam utilizados por seu advogado externo de M&A e todos os outros membros da equipe de negócios em teleconferências, comunicações por e-mail e rascunhos de documentos. Não use codinomes que possam identificar facilmente as partes da transação.

Desenvolva um plano para enfatizar a confidencialidade do negócio para aqueles funcionários que são "atropelados" e informados sobre a venda potencial antes da assinatura do contrato de aquisição definitivo e anúncio público da transação.

6. Reúna-se e comunique-se com frequência e no início com sua equipe

A comunicação eficaz, tanto com os principais membros da administração e do Conselho de Administração, quanto com o conselho de M&A externo, é essencial para o gerenciamento bem-sucedido de um processo de vendas de M&A por um advogado interno. Aqui estão algumas sugestões a esse respeito:

Faça reuniões iniciais regulares e regulares que incluam todos os membros das equipes de negociação internas e externas, incluindo o advogado externo, o banqueiro de investimento e o contador externo.

Comunique claramente a todos os membros da equipe a estrutura do negócio, a justificativa do negócio, as respectivas funções dos membros da equipe, o comprometimento exigido e as expectativas da equipe.

Agende reuniões regulares para atualizar os membros da equipe, coletar informações e controlar os problemas e suas propostas de resolução. Circule agendas por escrito para essas reuniões com antecedência e divulgue itens de ação imediatamente após as reuniões.

Não presuma que todos na equipe compreenderão intuitivamente o negócio e seu envolvimento e papel no negócio, ou o envolvimento ou funções de outros membros da equipe no negócio. Normalmente, esse conhecimento é obtido apenas por meio de comunicações completas e frequentes entre os membros da equipe.

Não presuma no início ou ao longo do processo que todos na equipe têm as mesmas informações que você (ou que você tem todas as informações que outros membros da equipe têm). Use as reuniões "gerais" para compartilhar e disseminar informações vitais para que todos na equipe estejam "na mesma página".

7. Certifique-se de que seus livros, registros e contratos possam suportar a devida diligência

O advogado interno será o principal responsável por garantir que os livros, registros e contratos da empresa possam resistir à investigação de devida diligência do adquirente. Aqui estão alguns problemas que podem surgir:

- Contratos não assinados por ambas as partes
- Contratos que foram alterados, mas sem os termos de alteração assinados
- Atas ou resoluções do Conselho de Administração ausentes ou não assinadas
- Atas ou resoluções de acionistas ausentes ou não assinadas
- Atas / resoluções da diretoria ou acionista que faltam exposições referenciadas
- Documentos relacionados ao funcionário incompletos / não assinados, como contratos de opção de compra de ações ou contratos de cessão de sigilo e invenção

Deficiências desse tipo podem ser tão importantes para um adquirente que exigirão que certas questões sejam corrigidas como condição para o fechamento. Isso às vezes pode ser problemático, como os casos em que um adquirente insiste que ex-funcionários sejam localizados e obrigados a assinar contratos de cessão de sigilo e invenção. Evite esses problemas "fazendo diligências" em sua própria empresa antes que o adquirente o faça por você.

8. Negociar os principais termos do negócio em uma carta de intenções

Um dos maiores erros cometidos por empresas de vendas é deixar de ser cauteloso ao negociar as cláusulas-chave de uma carta de intenções. O poder de barganha de uma empresa de vendas é maior antes de assinar uma carta de intenções. Uma vez que a carta de intenções é assinada, a alavancagem normalmente varia para o adquirente, especialmente se o adquirente exigir uma cláusula de "não compra" ou cláusula de exclusividade que proíba o vendedor de falar com quaisquer outros licitantes por um período de tempo. O envolvimento ativo do advogado interno é muitas vezes fundamental para o sucesso da negociação da carta de intenções, cujos termos-chave incluem o seguinte:

- O preço, e se ele será pago totalmente em dinheiro, totalmente em estoque (incluindo o tipo de estoque), ou em uma mistura de dinheiro e estoque, e se a contraprestação será paga integralmente no fechamento ou parcialmente em notas promissórias ou via um "ganho" ou outra consideração adiada
- Quaisquer ajustes no preço e como esses ajustes serão calculados (como para ajustes de capital de giro no fechamento ou para um negócio "livre de dinheiro / dívida")
- O escopo e a duração de qualquer cláusula de exclusividade / sem loja (que é sempre do melhor interesse do vendedor para ser o mais curto possível)
- A natureza não vinculativa dos termos (excluindo no que diz respeito à confidencialidade e exclusividade)
- O valor e a duração de qualquer caução e uma disposição estabelecendo que a caução será o remédio exclusivo para violações do contrato para a maioria das reivindicações), e qualquer entendimento de que o seguro de "representações e garantias" substituirá todo ou parte do depósito
- Outros termos-chave a serem incluídos no contrato de aquisição (discutido na próxima seção)

9. Negociar e chegar a um acordo sobre um acordo de aquisição favorável

O componente mais crítico de uma venda bem-sucedida de uma empresa privada é ter um acordo de aquisição bem elaborado protegendo a empresa e seus acionistas tanto quanto possível. Na medida do possível e dependendo da influência do vendedor, o advogado interno vai querer que o conselho de M&A externo da empresa prepare a primeira minuta do contrato de aquisição. Aqui estão algumas das principais disposições a serem negociadas no contrato de aquisição:

- Valor do depósito para pedidos de indenização pelo adquirente e o período do depósito / retenção (o cenário ideal típico para um vendedor é um depósito caução inferior a 10%, mantido por não mais de 9 a 12 meses); em alguns negócios, pode ser possível negociar sem indenização pós-fechamento e sem depósito / retenção.
- Em transações com licitantes de private equity, está se tornando cada vez mais a norma para a maioria do escrow ser substituída por uma disposição que relega o adquirente a perseguir reivindicações contra uma política de "seguro de representações e garantias" adquirida pelo adquirente ou pela empresa para reivindicações de indenização pós-fechamento.
- A natureza exclusiva do escrow / holdback para violações do acordo de aquisição (exceto talvez para violações de certas "representações fundamentais" definidas, tais como capitalização e organização da empresa, e para violações intencionais de acordos pré-fechamento), e o escopo de e exclusões da indenização relacionada (cestas, tetos, exclusões da indenização, todos sendo questões importantes)
- As condições para o fechamento (idealmente, o vendedor deseja limitá-las para garantir que possa fechar a transação rapidamente e sem risco inadequado de quebra do negócio)

- Os possíveis ajustes no preço básico de compra (o vendedor deseja evitar mecanismos de ajuste para baixo com base em ajustes de capital de giro, etc.)
- Os marcos ou outros gatilhos para pagamentos de earnout ou pagamentos de preço de compra contingente e (criticamente importante se houver um earnout) disposições que protegem as expectativas razoáveis da empresa vendedora com relação à probabilidade de atingir o earnout, incluindo compromissos orçamentários, disposições que garantem a continuidade da gestão, e aceleração do ganho se o negócio for vendido ou em outras circunstâncias apropriadas
- Quando as ações devem ser emitidas para os acionistas vendedores, a extensão dos direitos e restrições sobre essas ações (como direitos de registro, direitos de venda conjunta, direitos de preferência, representação do Conselho, direitos de preferência, etc.)
- A natureza e a extensão das representações e garantias da empresa de vendas (um vendedor deseja que sejam qualificadas o máximo possível com materialidade e qualificadores de conhecimento); propriedade intelectual, representações financeiras e de responsabilidade e garantias merecem um foco particular
- A natureza dos convênios operacionais aplicáveis entre a assinatura e o fechamento (um vendedor deseja que sejam limitados e razoáveis, com a capacidade do vendedor de obter o consentimento do adquirente se houver necessidade de alterações, com tal consentimento não para ser injustificadamente retido, atrasado, ou condicionado)
- O tratamento das opções do empregado, que normalmente são assumidas, pagas ou rescindidas (da perspectiva da empresa vendedora, é desejável que as opções não adquiridas, que são pagas apenas se o empregado continuar o serviço com o adquirente ou a empresa após o fechamento, não contam para o preço de compra)

- Os termos que regem a contratação de funcionários da empresa pelo adquirente
- Provisões para rescisão do contrato de aquisição em circunstâncias limitadas, onde as condições para o fechamento não são satisfeitas
- O tratamento de qualquer litígio contra o vendedor (seja relacionado à transação de venda ou de outra forma)
- O custo para obter quaisquer consentimentos e aprovações governamentais e a extensão dos esforços necessários das partes para obter tais consentimentos e aprovações
- A alocação de risco, especialmente em relação a passivos desconhecidos

Um acordo de M&A bem elaborado reduzirá os riscos de não fechamento do negócio, mitigará os riscos potenciais de pós-fechamento e garantirá que as expectativas da empresa-alvo e de seus acionistas sejam atendidas. O advogado interno deve estar vigilante para garantir que a administração não presuma que uma abordagem "intermediária" para cada questão oferecerá necessariamente à empresa de vendas proteção adequada.

10. Leve em consideração os principais problemas dos funcionários

As transações de venda normalmente envolvem uma série de questões importantes para os funcionários que o advogado interno precisará gerenciar com os principais membros da administração e o advogado externo. As perguntas que frequentemente surgem nas transações de M&A são as seguintes:

- Qual é o plano do adquirente para retenção e motivação dos funcionários da empresa?
- Como serão tratadas as opções de ações da empresa?
- Alguma opção é acelerada por seus termos como resultado do negócio? Algumas opções podem ser um "gatilho único" (acelerar devido ao fechamento

do negócio) e outras podem ser "gatilho duplo" (acelerar após o fechamento apenas se o emprego for rescindido por motivos específicos dentro de um período de tempo definido). O plano de opções e os acordos de concessão de opções relacionados devem ser analisados cuidadosamente para antecipar quaisquer problemas.

- A empresa vendedora precisa estabelecer um "carve out" para pagar os funcionários no fechamento, ou uma mudança no plano de pagamento de bônus de controle para motivar a administração a vender a empresa?
- Os pagamentos aos funcionários relacionados ao negócio acionarão as disposições sobre impostos especiais de consumo da Seção 280G do Código da Receita Federal (o chamado imposto de "paraquedas dourado")? Nesse caso, a empresa vendedora precisa obter um voto especial do acionista para evitar a aplicação desse passivo fiscal (e a perda relacionada de deduções fiscais para a empresa).

11. Compreenda a dinâmica do negócio

Todas as negociações de M&A requerem uma série de compromissos. É fundamental que o advogado interno entenda qual parte tem influência nas negociações sobre quais questões e como essa influência pode diminuir e fluir ao longo de uma negociação. Quem quer mais o negócio: o adquirente ou o vendedor? Existem vários licitantes que podem ser jogados uns contra os outros? A empresa pode aceitar termos não financeiros menos atraentes em troca de um prêmio no preço? O preço da transação é suficientemente atraente para que o vendedor esteja disposto a viver com obrigações de indenização que são menos do que ideais?

É importante que o advogado interno da empresa de vendas estabeleça um relacionamento com suas contrapartes na equipe jurídica do adquirente, incluindo o advogado interno e externo (e particularmente o negociador líder do outro lado), e nunca é bom permitir que as negociações ficar exaltado ou antagônico. Todas as negociações devem ser conduzidas com cortesia e profissionalismo.

12. Identifique os principais problemas de propriedade intelectual

O advogado interno precisa avaliar que o status da propriedade intelectual (IP) da empresa de venda e seu tratamento nas mãos do adquirente serão, muitas vezes, de extrema importância para um adquirente. As principais questões de IP em uma transação de M&A geralmente incluem o seguinte:

- A empresa de vendas precisa ter preparado para a revisão do adquirente uma lista extensa de todos os PI (e documentação relacionada) que são materiais para o negócio do vendedor.
- Um adquirente vai querer confirmar que o valor que coloca na empresa vendedora, especialmente se o vendedor for uma empresa de tecnologia, é suportado pelo grau em que a empresa possui (ou tem o direito de usar) todos os IP que são críticos para seus negócios atuais e previstos.
- Muitos engenheiros e desenvolvedores de software usam software de código aberto ou incorporam esse software em seu trabalho no desenvolvimento de produtos ou tecnologia. Mas o uso ou incorporação de tal software de código aberto por uma empresa de vendas pode levar a problemas de propriedade, licenciamento e conformidade para um adquirente.
- As representações e garantias de IP em uma aquisição de empresa privada normalmente servem a dois propósitos. Em primeiro lugar, se o adquirente descobrir que as representações e garantias de PI eram falsas quando feitas (ou seriam falsas na data de fechamento proposta), a um grau de materialidade conforme acordado no contrato

de aquisição, o adquirente pode não ser obrigado a consumar a aquisição (e pode ter o direito de rescindir o contrato). Em segundo lugar, se as declarações e garantias da PI forem falsas em qualquer um desses momentos, o adquirente pode ter o direito de ser indenizado após o fechamento por quaisquer danos decorrentes de tal declaração falsa pelo vendedor. O vendedor vai querer limitar esta exposição a uma pequena parte do preço de compra (mantida sob custódia de um terceiro) ou exigir que o adquirente busque reivindicações principalmente contra representações e garantias de seguro, mas o adquirente pode buscar o direito de recuperar até todo o preço de compra se as representações e garantias da IP se revelarem falsas.

- O adquirente normalmente deseja que a empresa vendedora represente e garanta que (i) a operação da empresa vendedora em seus negócios não infringe, se apropria indevidamente ou viola os direitos de propriedade intelectual de quaisquer outras partes; (ii) nenhuma outra parte está infringindo, se apropriando indevidamente ou violando os direitos de propriedade intelectual da empresa vendedora; e (iii) não há litígios e não há reclamações pendentes ou ameaçadas abrangendo qualquer um dos itens acima. O escopo e as limitações dessas representações e garantias são freqüentemente negociadas. O adquirente está preocupado com o risco de grandes reclamações de infração anteriormente desconhecidas que terceiros possam intentar contra o adquirente após a assinatura ou o fechamento.
- O adquirente estará preocupado com licenças excessivamente amplas e mudanças nas disposições de controle nos acordos relacionados à PI do vendedor.

- O adquirente fará uma revisão cuidadosa do envolvimento da empresa de vendas em qualquer litígio de PI atual ou passado ou outras disputas.
- O adquirente deseja confirmar se a empresa vendedora implementou e mantém políticas, práticas e segurança adequadas em relação à proteção de dados e questões de privacidade.
- O adquirente exigirá que a empresa vendedora ou seus acionistas indenizem o adquirente por violações de representações relacionadas à PI, todas as reivindicações conhecidas (incluindo litígios pendentes) e, frequentemente, reivindicações futuras relacionadas à PI da empresa.

13. Apresentações ao Conselho

O advogado interno da empresa vendedora, junto com o CEO e o advogado externo, deverá fazer uma série de apresentações ao Conselho de Administração, incluindo com relação a:

- A responsabilidade fiduciária do Conselho em relação a uma venda
- Os principais termos de qualquer carta de intenções proposta
- Os riscos e a responsabilidade potencial de uma venda proposta
- As condições materiais para o fechamento de uma transação de venda
- O escopo das representações e garantias a serem fornecidas pela empresa vendedora
- O antitruste ou outros desafios regulatórios que uma negociação provavelmente enfrentará

De acordo com os princípios aplicáveis da legislação societária de Delaware (ou outra lei que rege os assuntos internos da empresa vendedora), a extensão das proteções concedidas aos membros do Conselho por suas ações fiduciárias em nome da empresa vendedora pode depender da razoabilidade do processo de venda e seus confiança nas informações fornecidas a eles por advogados internos e externos. Assim, as apresentações ao Conselho deverão ser cuidadosamente preparadas e projetadas para informar adequadamente ao Conselho todos os termos e riscos materiais da transação proposta.

14. Comitê de M&A do Conselho

Um "comitê de M&A" ou comitê similar especialmente designado do Conselho é frequentemente estabelecido em processos de venda, ao qual a autoridade primária e a responsabilidade de explorar alternativas estratégicas e negociar com potenciais adquirentes é delegada por todo o conselho. É importante que este comitê possa agir rapidamente e responder às questões que surgirem nas negociações. O conselho interno da empresa terá um papel importante, juntamente com o CEO e outros membros-chave da administração, na interação e orientação das atividades deste comitê.

15. Declaração de Informação aos Acionistas

Depois que um acordo de aquisição foi celebrado, uma procuração ou declaração de informação geralmente deve ser distribuída fornecendo informações aos acionistas da empresa vendedora e solicitando seu consentimento para o negócio. Os advogados internos e externos devem trabalhar juntos rapidamente para criar este documento e, muitas vezes, o contrato de aquisição exige que tal aprovação seja obtida apenas alguns dias (ou mesmo horas) após a assinatura do contrato. Assim, o trabalho nesses documentos de divulgação geralmente começará antes da assinatura do contrato de aquisição final e eles tendem a ser documentos abrangentes e demorados para serem preparados. É importante que os documentos de divulgação sejam completos e que todas as informações relevantes sejam divulgadas aos acionistas. Os principais elementos da procuração ou declaração de informações incluem o seguinte:

- Resumo da transação proposta
- Informações sobre o adquirente, particularmente se a consideração do negócio for composta (no todo ou em parte) pelas ações do adquirente
- Aviso de assembleia de acionistas para aprovar o negócio ou solicitação de tal aprovação por consentimento por escrito
- Os principais termos do acordo de aquisição
- Consequências fiscais federais
- Divulgação de quaisquer problemas de funcionários do IRC 280G
- Demonstrativos financeiros da empresa vendedora
- Divulgação de qualquer avaliação e direitos do dissidente
- Resumo e fornecimento da forma completa do contrato de aquisição definitivo

Vender um negócio? 3 desafios comuns que os vendedores enfrentam e como superá-los

Ser capaz de vender seu negócio com sucesso (dentro de um período de tempo razoável e pelo preço certo) não depende apenas dessas três habilidades. Também depende da persistência e coragem do vendedor em face de desafios comuns.

Aqui estão três desafios comuns que quase todo vendedor enfrentará durante o processo de venda e como enfrentá-los de forma eficaz sem prejudicar a venda.

1: Insegurança do funcionário

Se você tem funcionários trabalhando para você enquanto está vendendo seu negócio, isso vai estressá-los. Como inquilinos que vivem em uma casa à venda, eles sabem que um novo proprietário traz um certo nível de incerteza sobre o futuro.

Este é um desafio para o vendedor, tanto a nível profissional como pessoal. Você precisa que seus funcionários continuem fazendo seu trabalho bem enquanto você se concentra na venda - tanto para manter o negócio operando de forma lucrativa quanto para provar a quaisquer compradores em potencial que você (como proprietário) não é a única chave para o sucesso da empresa. Ao mesmo tempo, como você provavelmente desenvolveu um relacionamento com seus funcionários, a mudança pendente no relacionamento tem um lado pessoal.

A melhor maneira de superar esse desafio é enfrentá-lo com honestidade e transparência desde o início do processo:

- Informe seus funcionários sobre sua intenção de vender no início do processo.
- Reserve um tempo para responder a todas as suas perguntas e abordar todas as suas preocupações com honestidade.
- Faça um esforço para reunir o apoio deles como parte integrante do plano - você precisa de seus melhores esforços se espera ter sucesso com a venda.
- Mantenha-os informados em cada etapa do processo.

Acima de tudo, não faça promessas aos funcionários que não possa cumprir. A menos que você pretenda fazer da continuação do emprego, salários, benefícios ou qualquer outro aspecto do trabalho uma parte contratual da venda (o que não é uma boa ideia), o novo proprietário será responsável por tomar essas decisões quando ele ou ela entrar a bordo. Entender isso tornará o período de transição crucial mais fácil para todos.

2: A oferta de baixa expectativa

Como compradores, estamos sempre em busca do melhor negócio. Quer estejamos comprando um livro de bolso antigo em uma liquidação ou um carro novo no showroom, vamos discutir com o vendedor para tentar gastar menos.

Portanto, é razoável esperar que quase todos os compradores que mostram interesse no negócio e chegam ao ponto de fazer uma oferta comecem com um preço muito baixo.

A chave para superar esse desafio é ter um entendimento claro e antecipado do verdadeiro valor do seu negócio e ter as evidências necessárias para comprovar isso.

A avaliação de negócios não é extremamente complicada, mas pode ser determinada de algumas maneiras diferentes; não existe uma fórmula única para todos. A melhor maneira de entender e provar o valor do seu negócio é ter um profissional (provavelmente um corretor de negócios ou contador especializado em avaliação de negócios) para auxiliar na avaliação e fornecer um relatório descrevendo as razões por trás do valor que estabeleceram.

Obter a opinião de profissionais o ajudará a definir expectativas realistas quanto ao que você pode esperar para seu negócio - além de qualquer investimento emocional que você fez, que tem valor para você, mas não para um comprador em potencial - e deve fornecer práticas uma visão de como você pode aumentar o valor do negócio na preparação para uma venda. Um relatório também oferece uma prova em preto e branco para os jogadores mais baixos de que sua oferta não é adequada.

Claro, vender em um momento e em circunstâncias em que você pode facilmente dizer "não" é um fator importante para superar esse desafio também. Se você está desesperado para vender e o comprador sabe disso, uma oferta baixa pode ser tudo que você vai conseguir.

3: Manter-se motivado

No post anterior desta série, aprendemos que permanecer motivado afeta muitos proprietários de negócios que estão envolvidos em vendas que levam mais do que alguns meses (o que é a maioria deles).

O problema é que administrar uma empresa é um trabalho árduo - sempre foi e sempre será. Mas uma vez que você tenha decidido vender, você pode começar a se afastar psicologicamente da empresa, e isso pode ser perigoso, pois o período entre o momento em que o negócio é colocado à venda e quando um comprador assina na linha pontilhada é crucial. Você não vai vender um negócio que está em uma espiral descendente por um bom preço.

Superar esse desafio tem tudo a ver com entender a natureza humana e tomar a decisão consciente de ficar com a empresa até o fim. Simplesmente tomar essa decisão pode fazer maravilhas pela sua capacidade de permanecer mentalmente engajado e focado durante todo o processo.

Do ponto de vista prático, organizar os negócios da empresa para se retirar efetivamente das operações do dia a dia também ajudará. Qualquer comprador em potencial que esteja considerando assumir a propriedade vai querer ver evidências de que você - como o atual proprietário - não é a única coisa que mantém o negócio funcionando sem problemas, já que você é a única coisa que não vem junto com a compra.

Portanto, na preparação para a venda, certifique-se de ter pessoal e sistemas que possam manter o negócio funcionando sem problemas e lucrativamente, esteja você lá ou não.

O que os empreendedores devem fazer depois de vender sua empresa

Como empresário, você pode eventualmente ter a sorte de construir sua empresa a ponto de ser capaz de vendê-la com um lucro considerável. Nesse momento, você provavelmente se deparará com a difícil tarefa de saber o que fazer com o que talvez seja o mais significativo influxo de fundos em sua vida profissional.

Estive envolvido em várias vendas de empresas. Com a minha experiência, aprendi que é essencial para o empresário, antes e depois da venda de uma empresa, agir rapidamente para proteger os lucros, minimizar impostos e planejar o futuro financeiro de sua família.

Em suma, os fundadores que se vendem devem revisar os planos de finanças pessoais que estavam em vigor antes da venda e se ajustar à nova e aprimorada realidade. O que se segue são sugestões que dei a outros empresários que, acredito, serão úteis para você traçar seu próprio curso.

Proteja seus lucros

A etapa mais importante que você deve realizar após vender sua empresa com sucesso é proteger os lucros. Aqui estão três maneiras de fazer isso:

- Diversifique suas participações. Se você recebeu dinheiro da venda, considere imediatamente um plano de diversificação para os lucros. Pense em uma combinação de fundos mútuos, títulos municipais, contas do mercado monetário e imóveis. Seu plano de diversificação específico dependerá do valor dos rendimentos, de seus outros ativos e de sua idade. Pense em contratar um planejador financeiro experiente para orientá-lo durante o processo.
- Proteja suas apostas. Se você recebeu ações em vez de dinheiro como resultado da venda de uma empresa, determine imediatamente a melhor maneira de se proteger contra uma desvantagem nas ações que receber. Não há pior sentimento do que ir embora com o que você acha que é um retorno significativo, apenas para vê-lo evaporar quando o estoque que você recebeu começar a despencar. E isso aconteceu com muitas pessoas. Comece a planejar sua estratégia de hedge antes mesmo de fechar a venda do negócio. Conte com a

ajuda de um corretor da bolsa ou planejador financeiro experiente.
- Revise sua proteção de responsabilidade. Agora é a hora de revisar que exposição você tem à responsabilidade. Afinal, agora você tem ativos significativos que alguém poderia perseguir. Certifique-se de ter uma cobertura de seguro primária e guarda-chuva adequada. Analise se você está exposto a risco financeiro pessoal em qualquer outro negócio que você.

Minimize seus impostos sobre a venda

Uma das principais considerações relacionadas com a venda do seu negócio diz respeito a minimizar os impostos que resultam da alienação. Aqui estão algumas maneiras de fazer isso:

- Estruture a transação de forma benéfica. Se você estiver obtendo ações em vez de dinheiro com a venda da empresa, poderá receber as ações isentas de impostos se estruturar a transação de maneira adequada. Certifique-se de ter um advogado tributário e corporativo experiente para garantir o tratamento fiscal adequado.
- Buscar tratamento de ganhos de capital. Os ganhos de capital na venda de ações recebem um tratamento fiscal muito melhor do que o tratamento de imposto de renda comum. Portanto, analise com seu consultor fiscal ou contador os tipos de pagamentos que você receberá com a venda. Talvez você possa otimizar o tratamento tributário reconfigurando o pagamento. Por exemplo, você pode decidir que um contrato de consultoria de $ 200.000 de dois anos após a venda não é tão vantajoso quanto um preço de compra mais alto e pagamentos de consultoria mais baixos.

- Perda em outros investimentos. Antes do final do ano, considere vender um empreendimento em prejuízo ou perder ações para compensar alguns dos ganhos com a venda de seu negócio.
- Considere os investimentos isentos de impostos. Os retornos não são muito altos, mas se você está procurando um investimento seguro e que não prejudique os impostos, considere investir parte de seu dinheiro em títulos públicos ou municipais isentos de impostos para pelo menos uma parte de sua carteira. Isso é particularmente vantajoso para um indivíduo de alta renda.
- Lembre-se de doações de caridade. Embora as doações não devam ser feitas simplesmente para fins fiscais, mas sim por razões filantrópicas, você sempre pode ganhar um par a mais no final do ano para reduzir sua mordida fiscal. Lembre-se de obter os recibos.
- Adie a receita. A menos que você tenha motivos para acreditar que o próximo ano lhe trará uma renda mais alta e o colocará em uma faixa de imposto de renda pessoal mais alta, você pode adiar a renda para depois do primeiro dia do ano. Se você trabalha por conta própria, por exemplo, envie as últimas faturas no final de dezembro para que seja mais provável que receba o pagamento em janeiro.

Depois de vender uma empresa, planeje o futuro da sua família

Agora que você ganhou algum dinheiro com a venda da empresa, deve examinar todos os planos que fez para o futuro de sua família e de seu patrimônio. Embora você já possa ter cuidado de alguns dos seguintes itens, você vai querer revisitar estes oito:

- Faça um testamento. Você deve ter um testamento que estipule para onde irão os bens e propriedades quando você morrer.
- Adicione um testamento vital. Muitas pessoas hoje estão redigindo testamentos em vida. Elas estipulam instruções médicas e de cuidados de saúde a serem seguidas se você estiver em um sistema de suporte de vida. Uma procuração deve ser nomeada em conjunto com um testamento em vida.
- Analise os beneficiários. À medida que sua situação familiar muda ao longo de sua vida, você pode alterar os nomes dos beneficiários não apenas em seu testamento, mas também nas apólices de seguro de vida e outros documentos que listam os beneficiários.
- Providencie a tutela da criança. Se você tem filhos menores, é imperativo que você tome tempo e consideração especial ao decidir quem ficará com a guarda de seus filhos no caso de você morrer. Isso deve ser estipulado em seu testamento.
- Forme relações de confiança. Estabelecer um truste é algo que você pode querer considerar para manter maior controle sobre seus ativos e ter seus desejos realizados quando morrer. Relações de confiança também evitarão o longo processo de inventário. Há uma variedade de relações de confiança disponíveis.
- Navegue pela logística. É um momento emocionante quando um ente querido morre. A tensão pode ser agravada quando as pessoas mais próximas do falecido não conseguem encontrar documentos importantes, chaves de cofres, demonstrações financeiras e outras informações necessárias. É essencial que você crie uma lista da localização de todas as informações importantes e dê a lista a alguém de sua confiança.

- Considere presentear. Presentear é um meio de dar isenção de impostos (sujeito a limites) para qualquer pessoa que você escolher. Essa tática é uma forma de reduzir uma grande propriedade para ajudar seus beneficiários a evitar impostos imobiliários significativos.
- Estabeleça um plano de poupança para a faculdade dos seus filhos. Assim como o plano de poupança para aposentadoria, um plano de poupança para faculdade - exceto que você os estabelece por conta própria e não por meio de sua empresa. Esses planos de poupança patrocinados pelos bancos, permitem que você acumule economias sem impostos para as mensalidades em qualquer universidade do país. Você deverá pagar impostos e multas se usar a economia para fins não relacionados à faculdade.
- Se você levar em consideração e agir de acordo com essas sugestões importantes, poderá ter certeza de que seu trabalho árduo para iniciar, construir e vender seu negócio será duradouro e benéfico para você e sua família.

Você tem um plano estratégico de saída? 5 razões pelas quais você precisa de uma

Alguns empreendedores abrem negócios com a intenção de construir, vender e seguir em frente. Outros passam décadas construindo e administrando seus negócios. Independentemente de suas intenções de iniciar seu negócio, você precisa ter um plano estratégico de saída em mente. Aqui estão cinco razões pelas quais um plano de saída é essencial:

1. Todos sairão de seus negócios

A única variável é se a saída é planejada ou não planejada. Mesmo que a ideia de vender sua empresa pareça inconcebível, saiba que você não administrará a empresa para sempre. Em algum ponto, todo empresário deixa o comando.

Isso pode ser devido a um dos seguintes motivos:
- Aposentadoria
- Passar para crianças
- Vendendo
- Problemas de saúde que limitam a capacidade de administrar o negócio

Sua transição será definida por quão bem você a planeja.

2. As metas são mais bem alcançadas com o propósito

A maioria das pessoas tem dificuldade em atingir uma meta sem um plano. Uma estratégia de saída é apenas um roteiro que descreve as etapas para atingir seus objetivos pessoais para o negócio.

Os empreendedores têm, e deveriam ter, vários objetivos de longo prazo diferentes para seus negócios. Metas de negócios comuns giram em torno de objetivos pessoais:
- Usar a venda da empresa para financiar a aposentadoria
- Ter o sucesso do negócio para as gerações futuras
- Viagens
- Aproveitando mais tempo com a família
- Reduzir o estresse e focar em uma vida saudável

Os planos de saída estratégicos permitem maximizar o valor do seu negócio. Este é um elemento-chave para atingir seus objetivos, mas não acontece da noite para o dia. Sem um roteiro, muitos proprietários de empresas perdem a oportunidade de atingir seus objetivos.

3. Saia na hora certa

Eu vi inúmeros proprietários de empresas querendo sair imediatamente por causa das circunstâncias da vida. As saídas mais curtas são normalmente devido a problemas de saúde; outras vezes, os empresários estão prontos para terminar. Quando as circunstâncias da vida ditam uma saída despreparada, raramente acontece com tranquilidade.

Só porque você está pronto para sair de sua empresa, não significa que ela esteja pronta. Os sistemas precisam ser configurados para que o negócio funcione sem você. Os direcionadores de valor precisam ser estabelecidos para atender ao seu preço de venda ideal. A empresa precisa estar com boa saúde financeira.

Sair da empresa pelos motivos certos e na hora certa requer planejamento.

4. Um plano não significa que você está pronto para sair

Só porque você tem uma estratégia de saída, não significa que precisa sair hoje. Significa apenas que você sabe como será sua saída. Projete seu negócio com seus objetivos finais em mente.

Seus planos de negócios de 1 a 5 anos devem sempre ser comparados ao plano de saída eventual. Assim, você estará preparado caso decida sair.

5. Sua empresa é o seu maior ativo

Como sua empresa geralmente é um dos maiores ativos de sua propriedade, não é incomum que os proprietários de empresas contem com a venda da empresa para financiar sua aposentadoria.

Infelizmente, existe um grande mito em torno do valor comercial; o preço de venda não é igual ao valor comercial.

Os valores de negócios são concluídos por diversos motivos, como seguros. Isso não quer dizer que o valor matemático do negócio esteja errado - provavelmente é preciso. O que acontece é que você não pode vender sua empresa no mercado por esse preço.

Existem muitos fatores complexos que influenciam o preço de venda de uma empresa. Por exemplo, quão envolvido está o proprietário? Se o proprietário é fundamental para o sucesso do negócio, quem compra o negócio estará essencialmente comprando um emprego. Por outro lado, se o negócio funciona independentemente do proprietário, esse negócio será mais valioso para o comprador.

Os proprietários de empresas devem ter um forte entendimento de qual é o valor de mercado de seus negócios. Dessa forma, eles podem tomar medidas estratégicas para aumentar o valor de mercado, se necessário.

Conclusão

Nunca é muito cedo para delinear seus objetivos de longo prazo para o seu negócio. Um plano de saída estratégico fornece as ferramentas para construir um roteiro abrangente para o seu negócio. Como proprietário de uma empresa, você nunca pode estar muito preparado para atingir seus objetivos.

Agora é a hora certa para vender meu negócio?

Como proprietário de uma empresa, você pode ter se esforçado para determinar quando é o momento certo para vender seus negócios pelo valor máximo. Na verdade, essa é uma decisão muito pessoal com várias áreas a serem consideradas. Se você está pensando em vender uma empresa, aqui estão cinco perguntas-chave a se fazer:

1. Meu negócio está crescendo, permanecendo estável ou declinando?

Pensando no jovem empresário com gráfico de crescimento, os negócios com vendas e lucratividade que estão crescendo a taxas de 10% ou mais oferecem uma excelente oportunidade de ganhar um prêmio. As tendências de negócios nos últimos três a cinco anos são um fator-chave que os compradores em potencial procuram e influenciam muito o que os compradores estão dispostos a pagar.

Em contraste, os negócios que permaneceram relativamente estáveis não geram necessariamente o mesmo nível de interesse que os negócios de alto crescimento. Esses negócios, no entanto, são geralmente bons negócios para um comprador considerar se eles oferecem potencial de mercado e fornecem uma oportunidade para um novo comprador que esteja disposto a explorar novos caminhos para fazer o negócio crescer.

Por fim, os negócios com tendência de queda costumam ser repassados pela maioria dos compradores devido aos riscos envolvidos, a menos que os problemas sejam facilmente identificados e o caminho para a reversão esteja claro. Se este for o caso de sua empresa, você deve gastar tempo e energia para colocar as coisas nos trilhos ou estar preparado para aceitar menos dinheiro.

2. Ainda estou motivado para operar meu negócio?

Eu representei muitos proprietários de empresas que possuem negócios sólidos e desenvolveram modelos de negócios confiáveis, mas não têm energia ou motivação para continuar operando em níveis máximos. Simplificando, eles mantiveram seus negócios por muito tempo. O esgotamento é muito comum e compreensível; a chave é reconhecê-lo antes que seja tarde demais.

Já vi muitas empresas serem vendidas por menos de 50% do valor que poderiam ter recebido se os proprietários tentassem vender antes de iniciar um segundo negócio ou antes de contratar um gerente que dirigisse o negócio por terra.

3. Minhas demonstrações financeiras e declarações de impostos refletem a lucratividade que a empresa realmente tem?

Ao fazer o marketing de uma empresa, um bom corretor de negócios geralmente reformula as demonstrações financeiras para contabilizar as despesas discricionárias e / ou não recorrentes que são administradas pela empresa. Essa prática é muito padrão e a maioria dos compradores percebe que nem todos os lucros aparecem na linha de base das declarações de impostos.

Alguns ajustes, como remuneração do proprietário, automóvel pessoal, seguro médico pessoal, planos de aposentadoria etc., são fáceis de identificar e podem ser adicionados de volta ao resultado final sem muita disputa de um comprador. No entanto, estratégias como dinheiro não declarado ou aumento da receita de um ano para o outro muitas vezes não são um acréscimo aceito por um comprador ou seu banco. Eu recomendo fortemente que os proprietários de empresas tenham uma abordagem mais distante para o planejamento tributário e mantenham um conjunto de livros limpos pelo menos dois anos antes de vender seus negócios.

4. A maior parte da boa vontade está ligada a mim ou ao meu negócio?

Um comprador deseja ter certeza de que o negócio continuará como de costume quando assumir o controle. Descobri que, quando o proprietário de uma empresa mantém a maioria dos relacionamentos com seus clientes, a empresa é muito mais difícil de vender em comparação com empresas em que os funcionários são responsáveis pelas vendas e / ou manutenção dos relacionamentos com os clientes.

Se as vendas de sua empresa são principalmente o resultado de seus esforços pessoais, a maior parte da boa vontade está ligada a você - e assim que você sai do negócio, a boa vontade também sai. Portanto, é importante que qualquer boa vontade esteja ligada à sua marca. Certifique-se de ter uma equipe de gerenciamento forte e sistemas sólidos em funcionamento.

5. O que farei depois de vender meu negócio?

Represento muitos empresários que desejam se aposentar. Para muitos compradores, a aposentadoria é frequentemente vista como um grande motivo para vender, já que muitos compradores acreditam que a aposentadoria é a única razão válida para alguém querer vender um bom negócio. Descobri, no entanto, que existem muitos motivos válidos pelos quais os proprietários decidem vender seus negócios. Também descobri que os proprietários de empresas que sabem o que farão depois de vender seus negócios estão muito mais comprometidos com o processo e têm muito mais probabilidade de obter resultados favoráveis.

Para muitos de vocês, sua empresa representa um de seus ativos mais valiosos. Frequentemente, a ideia de vender é assustadora porque você investiu muito de seu tempo e esforço na construção de seu negócio. Descobri que não apenas você precisa estar emocionalmente pronto, mas sua empresa também precisa estar em posição de venda. Uma vez que ambos estejam implementados, você deve entrevistar e encontrar um corretor de negócios confiável para representá-lo neste importante processo e ajudá-lo a obter os melhores resultados possíveis.